U0148893

文學叢刊

修如（郭錦玲）著

心中有愛

文史哲出版社印行

出書贊助人

黃俊人、郭樹恒、許威順

許峻容、伍清華、陳瑲瑲

許麗美、龔麗珍、吳麗月

陳敏惠、吳玉英、鄧　福

馬雪麗、趙展聰

心中有愛　目　錄

散文心語

小說呢喃

校園春雨

感謝！感謝您溫馨的鼓勵

郭錦玲

《心中有愛》這本書的順利發行……是集合許多人的愛心……因此它對我來說很沉重……很珍貴。

我以為想成為作家很簡單……只要能書敢寫，天下無難事……有恆心者！總有一天定能心想事成……故我菲華盛產作家……可！想為自己的作品結集出書？就必須自求多福，各憑本事……。

傻傻的修如……我是福星高照……能有幸碰上菲律賓佛教乘院紀念學院馬雪麗馬校長……始能如願出版屬於自己今生……從不敢奢望及夢想的第一本散文選……。

老實說……與馬校長還只是初相識，三言兩語之交，她還真是從沒見過修如各報刊載過之任何一篇文章……也根本不認識中正學院有郭錦玲郭老師這號人物……最多只是聽過十幾年前尚一中學頗受學生家長歡喜的Madonna……，也只是偶然知

悉我(Madonna)有計畫出書……竟豪氣的馬上承擔下招集出版費之重責……並刻意為我登高一呼……。

於是這本厚厚三百頁的「修如散文選」始有了它最初，最初「心中有愛」的贊助者，他們分別是：

黃俊人、郭樹恆、許威順、許峻容、伍清華、陳瑠瑠、許麗美、龔麗珍、吳麗月、陳敏惠、吳玉英、鄧福、馬雪麗、趙展聰，這十四位有我或熟或不熟的賢達人士，共同承擔下菲幣十萬元之出版費，在此修如衷心的一一至上無限感激。

現實的社會，堅困的環境……如今有誰願為誰無條件的奉獻犧牲？為不相干的陌生人送上愛心？NO……在人情淡薄的冷酷現實裡……「溫馨」它……實在難覓……。尤其談到想在沒有華文市場的菲律賓出書……更是難上加難……。

修如是經過多位熱心前輩指引推薦……始能順利回台接洽有相當名望的文史哲出版社，卻又由於字數嚴重超出，一時版費多出一萬兩千元臺幣……可！馬上由外子之弟廖定城先生搶先承諾支付，其善意成全之心……令我哽咽難言……。

後因修如由台轉程遠赴印尼……一路攜帶校稿，與同行道中前輩王玉珍女士及陳月美女士相談甚歡……承其抬愛要求贊助版費多印五百本台灣發行（本印一千本菲發行）……。

兩位女士詳讀修如文稿後……對「修如散文選」之內容十分喜愛……欲贈書分享道親好友……此心此情令我無限汗顏……心中倍受感動。

故《心中有愛》一書未回菲律賓發行……已預定臺灣再版五百本搶先發行。

再者本書封面設計由修如專修廣告藝術的死黨……乃鄉間（虎尾）知己鄭希平好友百忙中抽空幫忙……特此至謝。

其中熱心幫忙的善心好友……還有台灣的王瑞瓊女士（心楓）、菲律賓的洪仁玉女士（幽蘭）、杜瑞萍女士、施青萍夫婦，及一路關心愛護的席定嫂、美緻夫婦等都是修如的恩人好友。

更感謝為我限期三天趕序趕稿的菲律賓作家協會會長吳新鈿博士，副會長蔡滄江先生（詩人：江一涯）。

還有讓我最最感謝的是我菲華橫跨兩岸三地，深受僑界僑團敬重者，乃出名的老前輩——大導演吳文品吳老，他那難得一見真情真性長長的序文，令我尤其倍感噓唏。

當然最最溫馨的鼓勵來自我的親友家人……感謝他們在修如最最需要支持與幫

助時……陪伴我一起渡過無數的艱辛與努力……。

再者特別感激菲律賓作家協會、辛墾文藝社將聯合為修如盛重舉辦的新書發行會……

同樣真心感謝亞洲華文作家學會菲律賓分會及耕園文藝社多年來對修如真情的栽培與扶持……沒有菲華各有關文藝社團的熱心培植與照顧，今日就不可能出現修如此朵萌芽新生的「小花」……在此一一拜謝。

更衷心感謝，感激有這麼一大群「心中有愛」的親朋好友溫馨的環繞著我，修如何其有幸……未來屬於我的文學、教育……那漫漫長路……相信有諸位前輩好友懇切溫馨的關懷與鼓舞……修如一定會更努力的燃燒自己……認真學習……

以愛普照大地……。

以愛耕耘人生……。

二〇〇二年五月十二日

不成序的序

菲律濱華文作家協會會長　吳新鈿

什麼是散文？本來很難下個「一定」的定義，即使好久好久以前夏志清老前輩所談的散文，也許有人不同意，但許多地方我與他卻頗有同感，如中外對欣賞散文和寫散文的態度，的確是有所不同。

中國讀者談到散文，就會連想到人物、地方、對自然界的懷念，以及身邊瑣事等文章，而外國的讀者或作家，已經沒有這種閒情逸致去讀去寫這類文章了，與其說他們是新世紀快近了，倒不如說他們是無福消受吧！

散文有廣義、狹義之分，「廣義」是指凡不用韻的文字，包括小說、論文、新聞乃至廣告都包含在內。而「狹義」是指比較短，一篇一篇的文章，但不是微型，它是有一定的題目，往往表現作者對人生、事物的看法或感受。如隨筆、小品文、雜感等等也算散文或散文的別名。不過散文不一定是隨筆、小品文、雜感等。

中國本是講究寫文章的國度，而所謂的「新散文」是別有擴大的接觸人與事之一種新風格，它的特點是寫作和想像的範圍擴大，內容由板起臉來專講仁義道德轉變而為和讀者促膝懇談、寓以教導而或密訴，加以誘人長思來導出主題……此種新風格是種作者個人獨特的風格。

修如的作品裡有輕鬆筆墨，也有嚴格筆尖，但均似乎每章每段每節都像有說不完或說不出的餘話，讓讀者沉入深谷追尋，這種寫法竟算是新散文的一大特殊，讀者往往因此感覺講得似有是處，這是新散文裡希罕的手法及現象。

有幸細讀她的影印文稿如：傷逝、柯白玲回來了、人間、失火的天堂、背水一戰、同體大悲、斷頭悲情、不歸路、心中有愛、感恩的心等等篇章，可了然理解作者流露出來的是種豐富的智慧、人情的透徹、經驗的充盈，是文筆美妙的結晶，乃可遇不可求的作品。

郭錦玲（修如）的新散文作品裡涉及面頗廣大，都是知識、情結、動量、觸媒等重要寫作原料，她把每篇要獻給讀者的話，捧出來炫耀！時而引得恰合需要，所謂畫龍點眼較巨龍有眼無珠好，內容不叫讀者厭惡。

錦玲（修如）的特質是坦誠，因此她對朋友真誠，對家人真誠，對藝術真誠，甚至對自己真誠，這一切就是造就了她嫉惡、激情、坦承的生活、同時引導了自己對人生和藝術追求的道路，造就了她在人際關係上好人緣、有豪氣的特殊。

每一個人都有屬於自己的人格特質，也就是這些學問和人品修養具體的特質，落在修如身上成為曙光。

上面講的只是我個人的想法看法，個人的想法看法不免主觀，等到修如的作品結集成冊發行後，讀者定會評定這篇不成文的序是序。

二〇〇二年三月二十四日深夜趕稿

修如竹影

菲律濱華文作家協會理事　陳文進

戲演得好的演員，有新聞局頒發的金馬獎來獎勵，歌唱得好的歌星，有金鐘獎予以鼓勵；特殊貢獻的老師也該有個獎吧！『師鐸獎』就在這樣的背景之下設置的。

郭錦玲老師現職菲律濱中正學院中學部教師，其擔任教育工作已近二十年，平時付出她的心血及精力，默默地將畢生所學傳授給一群群純真稚嫩的幼苗，她對學生諄諄的教誨，慈愛的關懷，以愛心奉獻，一心於海外致力於培植新生代，也該有個獎吧！

故一九九六年榮獲菲律濱首都銀行基金會，所舉辦的第十屆『傑出華文教師獎』。

郭錦玲老師筆名修如—她是個很有才華，樣樣都能，樣樣都好，是文武兼修的武林高手。記得……修如的作品當中：「同體大悲」以及「柯白玲！回來了！」，前者是描寫台灣大地震，後者描繪她的學生柯白玲被綁架，這兩篇作品是用血、肉、淚砌成的寫實佳作；文字是血，內容是肉，加上作者的淚水，也就因有血有肉亦有淚，才能令人感受當時那種淒慘可憐的困境與悲情。令我這鐵漢般的大男人觀之，也不禁滴落同情之淚。(因乃全神投入其文章之故)修如在她那種生動的描述技巧之下，所寫的散文……一一發表時，立即引起文壇對她的矚目……。

修如—清麗大方，炯炯明亮的眼神，飛燦的神采，平和謙恭的氣質，隱約有一股智慧巾幗的英氣。一如赴新加坡文學之旅—她的緣牽於菲律濱華文作家協會，會長吳新鈿博士及夫人林秀心女士，在他們夫婦用心選派之下，修如代表菲華女作家飛越萬里重山的新加坡參加「亞細安女作家座談會」。

只因不能有愧菲律濱華文作家協會的寄望，她在新加坡苦苦磨槍備戰、其徹夜未眠的精神令人欽佩……聽說：當日一入新加坡「先賢初級學院」，長長的黃布條，寫上歡迎的大字，長長的人群，蕩漾滿滿的歡心，寬敞的大禮堂該有四、五百人……她竟也能不失態、不怯場？又聽說修如大膽的放棄自己已備的講稿……臨場改變作風，有效的引起動機，先提高學生滿場的歡呼，再以幽默、風趣、逗笑，生動的帶領那群被迫出席講座，捧場的大孩子……她真實的體現了個人的善意與真心…以真誠的用心贏得了滿場的尊敬與喝采。

結果順利完成使命且獲得地主國—新加坡以及各國代表的讚揚。

修如於是光榮地載譽歸來，我們菲華文壇眾文友，尤其是菲律濱華文作家協會，會長吳新鈿博士及夫人林秀心女士，都不禁大開笑口對修如讚揚有加。

在此新書發行之佳時，獻上我個人真心的喝采與祝福！願修如更加油！更努力！

爲文教界郭錦玲（修如）喝采

菲華舞台藝術協會
菲華大導演 吳文品

「心中有愛」是菲華三十多位名作家之一郭錦玲（修如）女士的精心鉅著，郭師多年任教菲律濱中正學院，韜光養晦、深藏不露，默默耕耘於中正園圃，點點灌溉柔嫩幼苗，如「隨風潛入夜，潤物細無聲」，課餘苦心孤詣指導學生演講、朗誦、歌唱，參加校內和校外各僑團、宗親會所主持之比賽，都能奪冠為校爭光，也曾編導話劇參加正友話劇欣賞會演出，甚獲好評，因此一九九六年榮獲首都銀行所舉辦的華校傑出教師獎。其文章近年來散見於菲華各大報副刊，「心中有愛」一書即摘錄歷年來發表於報章之雋永妙文。

書中「失火的天堂」句句悲痛、字字滴血，揭發印尼棕色人種，姦淫屠殺我華族同胞，到處只聞那魔鬼的獰笑聲和慘受凌遲之痛哭哀啼，可憐啊！早年曾被絕情者聲稱「讓其自生自滅」的海外遊子，失去母親的庇護，悽慘啊！殘酷啊！那一千

一百八十八個冤死的孤魂，染著滿身血跡流離失所的飄遊。修如詳細的史冊，也只能給于一點點、一絲絲的慰藉，總算聊勝於無，千百年後歷史的翻轉，可讓後世華族記取這段奇恥大辱的教訓。印尼棕色人種啊！你們將人間弄成地獄，終有一天會嚐到人間以外另一個地獄的苦處。

「柯白玲，妳在那裡？」「柯白玲……回來了！」一年又兩個月寒砭肺腑的日子，心驚膽顫的等待死亡的來臨，是修如寫她心窩淌血的師生情誼，小小年紀的柯白玲和弟妹三人，突遭綁匪劫持，滿以為人世間一切都是美好，天真純潔的心靈因晴天霹靂，震碎了孩童的美夢。菲國猖獗的綁票，被西方國家認為最能致富的行業，一月數起，已是司空見慣，在修如的筆下，時時心跳，步步驚魂急盼三子歸來，整整一年兩個月的歲月依然音訊杳然，親情、師生情、同學情描述得淋漓盡致。

「心中有愛」僅例舉兩則，全書篇篇動人，記事寫實，文筆清淳生動，不炫耀才華，不賣弄技巧，猶如董狐之筆。諸如「同體大悲」詳述九二一大地震，原本天清雲淡、風和日麗，一片祥和，卻突遭天搖地動，應了一句俗話「地牛翻身」造成山崩地裂，霎時間二千二百九十五條人命相繼走上黃泉路，修如文中細緻描寫台灣的同胞愛，重整台灣繁榮的決心，世界各地近三十個國家及聯合國派遣三十八個救援團體協助搶救之真情大愛，文筆流暢感人。

令人感動的「老莊！您好！」一篇，發現人間難覓好妻子——杜瑞萍，容貌佼好，慈眉善目的莊太太，居然能唱抗日戰爭時響遍大江南北的流亡三部曲（一、松花江上。二、逃亡。三、上前線），松花江上一曲是河北定縣建楊村人張寒暉於1937年在延安寫的，而杜女士卻是1941年出生，若非有強烈的愛國心和音樂天才，實難做到，她為照料中風五次（1972-2002）全身癱瘓三十三年的丈夫作家——傳統詩人莊浪萍（無我），必須勤練元極，保持健康體魄，此乃恩愛夫妻終身不喻，患難見真情，實令人心動，真情的杜瑞萍如此清高的美德，愧煞世間薄情郎。

「縹渺雲天」

赤足放牛的惠安郭振桂

中央警校畢業的郭志山

乃作者郭錦玲（修如）之父，郭志山（振桂）抗戰後期受蔣委員長十萬青年十萬軍」的號召，立志投筆從戎，卻為老母嚎哭拖拉不放，身為孝子母命難違，遂勸服親娘轉為投考「中央警官學校」，修如道盡人間母慈子孝、夫妻情篤、父女情深、童稚情殷、官場複雜的情況、回憶遷居、傷情、悲苦、淒楚的往事，句句憾人肺腑、動人心弦，實屬佳作。

筆者一生沉浸舞台六十三年，原為業餘戲子，小丑、奴僕、探戈、華爾滋勉強還可充數，至於寫作實非文藝中人，罕於搖筆弄文，謹就「心中有愛」書中走馬看花，東揀西拾，強充資料，實則書中精粹如「春風化雨」、「背水一戰」、「傷逝」、「斷頭悲情」、「十丈紅塵」等均未道及，匆匆趕時交稿，糊亂塗寫數行，聊表答謝郭錦玲老師抬舉。

二〇〇二年三月二十六日

修如印象

菲華作家協會副會長　蔡滄江

認識修如是在菲律濱華文作家協會的月會上，起初只知道她是一位素食主義者，一位小學老師和文學愛好者，對其他方面的才氣知之甚少，一直到最近這一、兩年親眼目睹她在文壇上的表現，才慢慢地對其有所瞭解，並讓我留下了很深刻的印象。

在作協這個文藝大家庭裡，修如積極、突出、友愛、真誠的表現，深獲同仁好評。她是一位謙虛好學的老師，在文藝集會時，經常能見其提出問題與同仁研討，共同切磋，雖然她是一位在台灣受過完整的中文教育者，可她並不因此而自大，反而能虛心鑽研，精益求精，使自己的寫作水平得到更大的提升。

特別引起我們注意的，是去年她代表菲華作協出席國際學術之會議，提交大會的論文是一篇有關華文教育研討之問題，她能以一位長期從事教育工作者的親身經歷和所積累之豐富教學經驗，以理論結合實際，採用多方面不同的角度，邏輯性地闡述和論證了有關華文教育問題這一重大課題。並將文章的學術性與文學性凝為一體，得到了多方的贊賞與共識。

修如教學之餘認真努力創作，收獲頗豐，今日即將結集出書，真是得來不易，的確可喜可賀。

菲律濱華族社會是一個純粹的商業社會，文學藝術基本上不太受人們的重視，因此作者要寫好作品，又要承擔為自己的創造，結集出版的各種條件，這是一項很艱辛的工作，修如能做到這一點，可知她如何刻苦用心，及其專注投入之程度，這是很多「圈外人」所不知的，也是值得我們菲華文藝愛好者讚佩、學習的。

在修如的很多散文裡，處處表現出一種「給人很細緻的感覺」，無論是寫人、寫事或是文章造句修辭，其語言的表達或多或少都能看出是出自一位中文老師之手。她的寫作技巧和表現手法更能給讀者清新的感覺，一種美的、愛的感覺。雖然我讀修如的作品不多，不能很完整的提出評語，但從整體看來，這本散文集已是臻于成熟的篇章，由于倉促緣故，未能給讀者更深入的介紹，給作者更多的鼓舞，書上幾句以作為我對修如的印象。

3/28/2002 于馬尼拉

自序

郭錦玲

達賴喇嘛說過：「我們不需要寺廟，不需要複雜的哲學，自己的頭腦、自己的心就是我們的寺廟，哲學就是善心。」

赤子之心

是的！我以為……尤其一個善於筆耕的文藝工作者最重要的是擁有一顆赤子之心！也就是純潔的童心。

有時我們人類確實無需擁有太複雜的哲理，不需要擁有太豐盛的知識、或早慧的天才，最重要的是心靈中那份對世界「最初的愛心」與「希望」，及一顆善良純真的好心腸……也就是只要人人「心中有愛」那麼整個宇宙天地一切的一切都將更豐盛美好。

因為我確信用愛心傳播的任何事，在人間永不滅絕，它能在灰暗的人際關係中永遠閃耀光芒……。

主耶穌說：「你的財富在哪裡，你的心就在哪裡。」

是的！是的一顆善良最初的愛心……就是赤子之心也就是人間最豐盛的財富。

人類一切的戰爭、糾紛、仇恨、怨懟最大的問題不就是「心」的歸屬，「心」的路向問題？

平凡的修如

修如其實只是一個平凡的小女人，不俱備任何大智大慧，更無特殊才華專精，我只是一心想在人生舞台上認真的演好自己的每一個角色。

「成功了繼續努力，失敗了重新開始」不虛不假的以真實的自己迎向現實的冷暖……迎戰生命中的得失、挫敗、傷痛……。

跌倒了拍拍灰塵站起來，再試一次。

失敗了！痛哭一場，迎頭抹乾淚痕……再努力，誰怕誰？

我只是很真心真實的雙手捧出自己的心，自己的情……讓自己的一生一世成為一本攤開充滿陽光的書，做人如此，筆墨揮灑出的生命也是一般。

赫曼・赫塞說過這麼一句話：「生命究竟有沒有意義並非我的責任，但是怎樣安排『此生』卻是我的責任。」

您瞧！多有智慧的話。怎樣安排自己此生才真正是我們每一個人必須面對……真確無法逃避……屬於自己的責任。

修如我自己今生不求豐衣美食、不求富貴……但盼活得充實有意義。絕不願愧對父母、愧對自己、愧對天地蒼生……。

所以我一直不斷的督促自己更努力更加油。做任何事如果是自己不夠好而失敗，應該自省自強更努力。無論教書育人或是為文寫書都是一般。

戰勝自我

印度有一句諺語：「勝過別人並不算什麼高貴，而真正的高貴則是勝過你以前的自己。」

可見自我的不斷充實努力最重要，人類最先要挑戰的……也就是人類最大的敵人……原本就是自己……。

修如不自量力，以我十幾年的業餘寫作淺薄的火候，居然大膽的橫跨高手如雲的菲華文藝各派武林前輩出書……在此盼獲得眾文俠筆客，眾前輩的包涵諒解。

每個人不都該憑藉自己的機緣，以自己的方式，不斷的充實挑戰自己，戰勝自我？不也才足以顯現個人真正的高貴？

笨鳥先飛

所謂：「笨鳥先飛！」一本笨笨傻傻的「修如文選」它不算啥！此書絕不是炫耀個人之才華，只是修如點滴不成熟的心語，但！它也正是修如十幾年嘔心瀝血辛苦耕耘的心聲……也許它不夠水準，也許文筆不夠成熟……可！都是修如真實坦率的真情、真愛、真心意，但願透過此書能讓您認識修如的心，更懂修如的情。

檢視今日過往……好友戲稱修如生命「五彩繽紛」……其實修如一生是屬多采……但也坎坷……

回憶往日……半工讀的日子……做過小女工、當過TV調整員、品管、生管、成本會計員、秘書、合夥開創過公司、賣過便當、送過貨物……當過醫院特別護士、教過書……

那一點一滴辛苦的成長……雖坎坷但日子充實，百味雜陳的艱辛生活卻也有悲、有喜、有血、有汗亦有淚……

在歲月的流失中雖也辛苦但絕不痛苦，生命的搏鬥是生存的毅力與耐心的組合。

感謝上蒼讓我的一生充滿了希望與陽光，也因此長養了自己悲天憫人柔柔的心腸，練就了自己以肺腑思考，以肺腑行動，一顆出自真誠，願以文筆揮灑人生……

那感性強韌的愛心。

感恩的心

一路走來筆耕的長路……最先要感謝的……是十幾年前真心鼓勵、勸導並促使修如寫文投稿者……那已逝的菲華文教界老前輩——林勵志老師（其乃啓智幼保中心創校校長），也就是為何在林老前輩去世後……一九九六年修如兼任過一年啓智幼兒教保老師……實乃真心還她老人家「文壇啓蒙之恩」……。

而修如筆耕的起步娘家乃是聯合日報的「辛墾文藝社」。一九九一年辛墾當年的編輯乃是文藝界丐幫長老陳一匡前輩……感謝他一路對修如真心的鼓勵、愛護與培植。

還有修如的兩位師父——菲律賓作家協會會長吳新鈿博士及夫人，衷心感謝他們在修如筆耕成長的路上，給予我的讚賞、牽引與指導最多……當然還有許許多多的前輩長者，一一不同的鼓勵與看重……除溫暖了修如的人生……更使我筆耕的漫漫長路不再孤獨、不再寂寞。

我想人生的要義不在征服別人，而在奮鬥有方。無論是教育界或文藝界個人的力量畢竟有限……人人若能暢開胸懷納人接物，接受不同的觀念與不同的聲音，並

勇於奉獻犧牲，那麼人生每一條大道每一條路徑……將都會越走越直，越走越寬暢。

相信只要人人「心中有愛」生命自然充滿希望充滿光燦。願你我在文教藝術的漫漫長路上……都能彼此包容、攜手合作，一起開創屬於我們菲華文教藝術界另一片輝煌燦爛的嶄新天地。

二〇〇二年五月二日

散文新語

心中有愛

一位學生的母親，在我聯絡她的電話中傷心的哭了……

因為她的孩子華語測驗這次考了六十八分。（學校規定最低及格分數是七十五分）

這個孩子，我十分心疼他，因為他瘦削、高大、眉清目秀，雙眸中閃爍著智慧。

可惜去年留級，華語成績單上的總平均——六十四分。

第一眼看見他，呆愣了幾秒，我無情的隨既扭轉頭，視而不見……

因為他的表情尷尬、不自然、神色不安。

讓敏感的我……感覺到他的自卑、害羞、逃避……

因為他留級……。

也因為他雙手殘廢……。

兩隻小小的小白布，該是他母親的愛心……。

永遠乾乾淨淨、默默的套住了……保護著孩子殘缺的雙手……。

用眼角，我故意不經心的瞄了瞄他那雙緩慢移動、正在費力寫字，偶爾未帶小手套的手。

那是一雙——

聽說是去年放鞭炮，被炮火炸毀的手……。

左右兩手的手指，各截掉了兩、三指（包括大姆指），剩餘的手指扭曲、燒傷、呈現出怪異的組合。

孩子的手毀了，一顆心也殘廢炸傷了……。

那雙用潔白小手套……套住的手掌，常常被他自卑、放棄的擱置在褲袋裡。

於是我的心緊跟著那雙黑暗中的手哭泣……。

每天上課，我總是一再交待自己……——

絕不去瞪著那雙殘廢、觸目驚心……讓人不忍卒睹的手……。

我也總是告訴自己，不可以在臉上洩露出自己的心疼。

偷偷的……我警告全班的孩子「三不」……。

※不可嘲笑他。

※不可輕視他。

※不可唾棄他。

暗暗的……我勸告全班的孩子「三要」……

※要幫助他。

※要體諒他。

※要和他交朋友。

並且絕對不可以以異樣的眼光去看、去笑這一雙手，那對他是種傷害……。

我讓全班的孩子都瞭解，殘廢的同學需要的是「友情」而不是「同情」。

應該給予的是「愛心」而非「憐憫」。

於是班上這群可愛的孩子們和我無形中都有了默契。

我們都不再看得見那雙手……。

而我——偏心的特別允許他上課不用抄筆記。（拜託班長一定影印給他）

我承諾他——每次的書法、寫字分數……有寫、有交都加兩分。（不要求字體端正，只要盡力而為即可……）

他！就坐在我講台前的第一個座位，後面是他的好友及班長，旁邊的同學是我刻意替他安排的小老師。

在我不經心的佈局、鼓勵下——

於是——他不再自卑、自棄……

課堂裡漸漸的也有了他的笑聲。

偶爾他也會與高采烈的和同學們聊天……。

不久，我也看到了他的努力！他的成績！……

可是！……

令人費解、擔憂的是近幾天他突然變得心神恍惚，考試退步，整個人退縮又自棄？……

惦念、憂鬱的我，立即聯絡家長——

電話中——

那是一個傷透心的母親……

原來這孩子前些天利用假期，隨著母親遠道台灣，特地去榮民總醫院開刀……。

醫生截斷他腳上的大姆指，順利的接合到他那炸殘、截肢後的手指上……

手術前後，共費了十二小時……。

孩子曾是那麼臉色蒼白，咬緊牙關的告訴母親：

「我不痛！」……

「真的！一點都不疼！」……

其實——

手術完——

他手痛！腳痛！心也痛！……

回國後——他手殘！腳殘！心更殘！……

任誰都無法一下子適應斬斷的腳指……它突然變成了手指……。

那份心中的沮喪、懊惱——
那種挫折、無奈感——
那份萬念俱灰的茫然……
如何不讓一個十幾來歲，原本活潑亮麗的孩子失控？
難怪他不平衡……
悲傷的母親在電話中哽咽的哭訴——
這孩子常常獨自一人躲在被窩中哭泣——
但絕不在人前落淚、喊痛……
母親心酸的告訴我：
這小兒子……一直是她最貼心、最孝順的好孩子。
於是我更加心痛如絞，忍不住的跟著淌淚、哭泣……
電話中始明白——
原來這孩子不是因年假貪玩，放鞭炮炸傷自己，而是去年好奇的他帶回一包不知是那位同學遞給他的「黃色炮粉」……
當時父母發現後，正待飯後馬上處理，
是他心虛……溜出門……想先倒掉……
不小心！一摩擦！忽然剩餘的『炮粉』猛然爆炸……
就這樣炸毀了自己的雙手……

慶幸在母親苦苦哀求下，醫生考慮再三，冒險的留下了他那血肉模糊……炮粉密佈的手掌，……掙扎、觀察多日後……終究未遭人「連掌截斷」……

最後醫生費時，費心、費力的一針針、一線線密密麻麻的縫合了那些碎肉、殘皮……。

然而自始自終——

這孩子不哭、不叫、不言——。

只是默默的封鎖、關閉自己。

不見人，不上學、不講話——。

母親心傷的訴說孩子經過一翻掙扎……再次上學後所遭遇的種種打擊與委屈，以及留級的痛心與悲哀……。

而這孩子到現在，一點也不透露是誰遞給他的「炮粉」……

因為他絕不出賣朋友……。

使我心中一陣抽搐、一陣疼痛……

那不爭氣的雙眸也緊跟著淌下一掬同情、心酸之淚……。

於是……

我真摯的要求這位傷心的母親幫助我，……

共同扶持讓這個孩子成長，因為目前的他……需要更多的愛心和鼓勵，也需要撫慰和關愛。

如何讓他在挫折下能更勇敢的面對現實？

如何讓失去的不幸變成對生命加倍的珍惜、珍重？

努力充實自己，更勇敢的邁向未來！面對人生！

畢竟傷殘已成事實，該讓孩子有加倍的勇氣和信心挑戰自己，面對明天才是最重要的……。

世界上有太多的不幸者……

有身心殘障者、四肢欠缺或斷手斷腿及神志不清……那眾多的傷殘之士，……他們不都必須活下去？不也都活得很好？更有許多相當成就、成功者，不是嗎？……

我以為我們應該感謝上天的慈悲！因為那些「黃色的炮粉」畢竟只傷了手指，而未取走孩子的性命。……

那麼！該如何以一份「感恩的心」活得更好？更充實？才是更重要的事啊！……

今天無論如何的悲哀、傷痛！如何的埋怨、後悔！都已無濟於事，也挽回不了一切不是嗎？……

再三的……我真摯誠懇的鼓勵這位心碎的母親更勇敢、更堅強！才有能力也才能牽引自己那受傷的孩子邁向明天！……

她又哭了……

在電話中委屈、心酸的痛哭……。

這一路行來……最悲情、最辛苦的是她啊！……

於是！在我心中除了更加自我反省檢討，也肯定自己必需更努力經營自己的班，兢兢業業的負起為人師表之責。

我相信除了我……這位母親，還有「擁有那雙殘手的孩子」……以及我這一大群的學生……

我們都會加油！都將更努力！

在人生的道路上彼此鼓勵，互相扶持……

我們的明天肯定會更好！

因為『心中有愛！』……

原載於菲律濱聯合日報一九九九年八月六日辛墾文藝社

獲選收錄　新加坡「亞細安華文文學作品集——夢土　亞細安—02

（二〇〇〇年十一月十五日發行　碧澄　編）

獲選　收錄菲律濱「菲華文學」（六）—柯俊智文教基金會發行

（二〇〇〇年五月四日菲律濱出版）

老莊！您好！

無我者——無為、不有、不恃、不爭也！

她！總是讓我感覺沉重——就像背著十字架而活。

一個風裡來，浪裡去的女人。

她！五官平凡、微胖、中等身材、鬢髮蒼白，本地出生的華裔，卻有濃濃的鄉土味，為人隨和、親切。

認識她，是在夜晚，在汾陽元極學研究會，二樓的操練場。

六十一歲的她，總是風雨無阻的出現，而後匆忙離去，滿臉風霜，但炯炯有神的眸子裡，卻孕含著溫和的笑意。

她總是堅定的告訴人：「我必須健康！所以我來練元極，我來運動。」

就因為她從來不缺席，也因為遠道車船（渡輪），風裡來，浪裡去的堅定，二樓夜班的元極舞，極少休練。

而我，雖然教學忙碌，每日精疲力盡，依然按時換上T恤、運動褲飛奔汾陽，克盡輔導老師之責。只因為對她總有一份關懷、親切，一份不可知的緣牽。

尤其瞪著她……微駝、微胖、笨重的身手，卻又是那麼認真、努力，用她最大的耐力和自己的年齡搏鬥，一招一式的操練、跟隨，一點一滴的進步、用心……那是一種感動，一種心情……。

總覺得她為人開朗、幽默、堅強，充滿真誠，但卻彷彿另有一股深埋的無奈、苦楚，令人迷惘、不解。

總覺得外貌平凡的她，眉宇間的聰慧無人可及……。

又總覺得在媽媽般溫柔、和藹中，她還蘊藏著一股固執、勇敢、倔強與豪邁。

於是，輕輕的、輕輕的，隨著緣份我跨進了她的心，她的夢，她的故事中……。

始知道造化弄人，彼此十年前就相識，而今才有緣相知。

她——就是老莊的妻子——杜瑞萍。

於是，於是——我見到了老莊。

當年文藝界風發一時的長輩——莊無我。

記得一九九〇年，「逍遙吟」一書在「愛心培幼園」發行時，中正學院小學部莊主任帶領五位教師前往祝賀，並朗誦無我前輩的詩，我乃其中一員。

而今家中依然靜擺案前的，是當年無我前輩的贈品——一只孔子小木雕、一顆愛心，書寫著——「心曲」！把音符當星粒，用愛心譜戀曲……。

記得當年年輕的我，年輕的心，捧著一份對偶像的崇拜、敬仰去朗誦，心情十分暢快、陶醉。

但心中始終不明，至今依然迷惑的是「不知他為何無我？」何謂「無我？」難解那是一份怎樣的心？怎樣的愛？使這個人——讓「逍遙吟」、「忘憂詩草」二書充滿了濃濃的情？寫出如此扣人心弦，真情真性的古典詩篇？

而今，現在！為了尋覓無我前輩的真我，不自覺的我重新埋首「忘憂詩草」及「逍遙吟」，企圖隨著他忘憂、逍遙……。

怎知，整個人都浸淫在一份酸楚的渴慕裡，心中不禁攏上一份寥落、惆悵和憐憫的情懷……。

老莊！名延欽，筆名「浪萍」，別號「無我」，祖籍惠安，秀塗。秉性忠厚、忠黨愛國、文質彬彬、恂恂儒雅又文采非凡。

因自我克苦力學，鍥而不捨的自修，故能在亂世中，才學卓倫出眾，能詩、能詞、能文，揚名於海內外。

其作品清新、脱俗、珠圓玉潤、情文並茂，為人激賞。

旅菲數月，其一心辦學，先後努力創辦「仙範夜校」，發起創辦「晨光學校」、「南黎剎中華小學」。

創立「中國童子軍旅菲（青年）社會團」，並執教職二十多年，領過教育部「陳天放部長」的獎狀及僑務委員會甲、乙、丙獎狀，中央海工會文藝獎狀及臺灣文藝界多項獎狀、獎章。

老莊曾主編晨光文藝社週刊，參與籌備亞洲華文作家會議，臺灣道統雜誌編撰，聯合日報『雅風詩壇』主編等。

當年……無我前輩為人沉穩內斂，寬厚包容，豪氣干雲，其一向澹泊名利、逍遙自在、不爭、不取。

由「忘憂詩草」中可以了然其浪子的思鄉情義、頌揚母德之孝心情懷。

由「逍遙吟」中可以觸及無我前輩其乃屬性情中人，由其真摯的情愛中，充份反映出生命的價值與人性的可貴。

令我無限欽佩的，是他行雲流水的才情，玉樹臨風的瀟洒，功成不居，名遂身退，逍遙自在的無我豪情……。

無我者！無為、不有、不恃、不爭也……。

而今——

無我……安在？

進入無我前輩的天地——

是那豔陽高照、無風、無雨的假日，由外子陪同前往……

此乃杜姐刻意安排，為了了我心願，然而——

那天什麼都不對——

除了天氣太熱——

心情也不對！尤其——

一進老莊斑剝的大鐵門，一進這光線灰暗的老屋，心情就更沉重，因——

進屋恰見搬家，老莊那從小乖巧、孝順的長子，正憂鬱的陪同年輕、精明，雙眸閃爍的媳婦及子女搬離老宅，留下的……

只有老莊夫婦及一屋子的寂寞……。

眼前的老莊——

半躺在斗室內，那太多雜物堆放的斗室中，有老式的電唱機，破舊的冷氣，相當歷史的電視機，就這樣塞滿了一屋，而老莊呢？無我何在？……

啊！「老莊！您好！」對著角落那斜靠、全癱的人影……

一份悽愴的心，酸楚的情，促使我快步的邁向老莊……

激情的自動握緊他的手，孩子氣用力的搖晃著，企圖搖晃掉自己滿心的淒涼感……。

不甘心的拍打著他那無力的手背，企圖拍醒他的滿身無我……。

口中喃喃又喃喃……嘴角微微不受控的顫抖著，激動中喋喋不休的唸著：

「您好！老莊！您是我的偶像喔！以前我常看您的詩及文章，我好崇拜您喔！」……

「您要快點再站起來！再寫詩！再創作喔！」……

「很多人都懷念您的『逍遙吟』……您要勇敢的好起來哦！」……

……，而老莊無言以對，眼底泛起一抹憂傷……。

欲見老莊，是一份小女孩的心態，一份牽掛……。

見到老莊，卻是一份不能止的震撼，心臟起了一絲莫名的心悸，一絲抽動，心頭更湧起萬頃波濤……。

為這不相熟悉的老者，我竟哽咽、難安、欲泣。……

望著他，望進他無助的心坎……

看著他，看出他滿目的無奈……

眼眶一熱，強梗住奪眶、悲泣的淚水……。

他啊！無我呀！

就如其文——

舌在音何滯，足行路不平。
病來半世盡，財去一身輕。
出入由人意，浮沉惹客驚。
賢明歸聖哲，世事莫分明。

一個應該是才華出眾，依舊豪邁，逍遙自在的老前輩。

而今面目呆滯，左眼稍斜，嘴巴微張，舌頭中伸，口水不能控的下淌，面無表情的瞪眼……

唯一，唯一的少許動作是兩眼常閉，或僵硬的往上吊白眼，吃力的揮手自抹口水，偶爾踢落那無力的一腳……

而！老莊尚可以握筆，惜不像過去，已無法自控，無法寫出完整的字體，零亂的筆畫中，已難辨出其心中的思潮。……

如今他可真是無我了呀！

可嘆終日必須任人翻擺，靠人攙扶、搬動、餵食、解便……

老莊中風五次！前後長達二十九年……

一九七二年第一次中風，半身殘障，依然奮力找回自我。

一九七三年第二次中風最為嚴重……

神智不清，半身浮腫，聽聞當日醫生已宣告無望，並囑咐家人準備後事……。

但！他仍然以無比堅強的生命力找回自我，醒後雖眼耳不精，手足不靈……，依然發揮自我的創作力，於八二年自費出版「忘憂詩草」，九〇年出版「逍遙集」，實為一般人所不能為也。

而現老莊。五次中風後的今日全身癱瘓，已不再站起，右腳最多可靠人扶起……勉強挺立三分鍾。

從九四年第五次中風至今……依然全癱……恐再也無望恢復，但杜姐不曾放棄任何一線希望，到處尋醫覓藥，苦苦求神拜佛，令人鼻酸……。

望著靜默中的老莊，雖無法溝通，言談筆論，我卻能感應其頭腦清醒，知覺、思路依存，喜、怒、哀、樂明顯。尤其不高興時，反應強烈，激動時，淚眼盈眶，

表情無奈，咕嚕有聲……。

好一個無我！

但！他卻是身軀、四肢百骸不願再醒來，再站起來……令人扼腕、氣惱、嘆息……。

雖然如此，讓人稍感欣慰的是——

老莊被照顧的很好！

皮膚嫩白光滑、乾淨、溫暖。

七十三歲的老莊，如不中風，嘴臉不歪，其實還相當中看，由他的大手大腳，修長潔淨的手指可以看出他一定是個相當溫柔、善良的人。

溫順的頭髮，白而短，整齊乖巧的服貼著他那略為歪斜，無法自控僵硬的腦殼，整個人就這麼靜靜的、乖乖的呆坐在床角，或輪椅上，無塵、無染、平靜、空無一物的……。

這……就是老莊……。

他在書本的自序中曾言：

『痛病殘而深慮，心欲定而神難安，病重矣！』

又說：

『足行無步，手塗無力，口動而音滯，目動視不明，耳動膜不清，心動神不靈，病殘愁憂，相映而成，則天年近矣！』

悲啊！老莊……。

如此一個中風二十九年的無我……。

一個自認：久病成安逸，憂歡過眼空……

一個以為：有我何須傲，榮枯聽自然……

餘生尋樂趣，含笑謝蒼天……的老莊……

一個自喻：逍遙無俗念，淡泊勝高僧……

也自嘆：久病妻兒苦……久病財神退……病殘知己散的老人……。

讓我不自覺的淚眼盈眶，再一次喃喃的叫喚……

「老莊！您好！……」

唉！且不論今日老莊到底有我、無我……

我以為，老莊那風裡來，浪裡去的老伴——杜瑞萍，杜大姐，才是真正的無我……。

為了老莊，老莊的家，老莊的理想，以及老莊的無我，歷經了多少歲月的悲愴、心酸和委屈……。

生活的重擔幾乎壓傷她的背脊，傷蝕她的生命，磨盡她的青春。

六十一歲的杜大姐，兒女群飛，即使有孝心，也難周全，踽踽獨行的她，就這樣支撐、背負、馱著老莊……時時刻刻，日日夜夜。

就因為三生石上鐫勒得好深好深的愛……。

她與老莊自然凝結成一種共生的生命力，使她……

相愛以志，相守以終……

心甘情願的馱負老莊殘缺的一生……

是那麼的無怨、無悔……

是那麼的莊嚴、聖潔……

不知怎的……我居然能感受到——

屬於他們之間那份真正的無我……

那種感情的境界，

那種摯愛的昇華，

杜大姐在老邁又已癱的老莊面前……

依然是個盈滿天真、活潑的小妻子。

她開朗、幽默、堅強的日夜陪著面無表情的老莊。

面對老莊，杜姐神情永遠自然的發出一種柔和、晶瑩的光輝。

雙眸裡流轉著一股聖潔的情意。

一種崇拜，

一種溺愛。

日以繼夜的，她對著老莊喋喋不休、侃侃而談，有如小丑般自導自演、自說自話……。

是乎深恐老莊在長期的靜默中，陷入深不見底的無我境界……。

除了談古論今，她詼諧、機智的風采，默默的，一句句的鼓舞、影響著老莊的情緒，刺激他的思潮，企圖帶動他的感覺……。

在心電交流中，兩夫妻之間彼此流轉著最深最深的默契……。

於是屬於老莊的前塵舊夢……。

屬於老莊那逍遙自在的歲月……。

屬於老莊的風花才情，忘憂詩草……。

數十年來一直，一直溫馨的流轉在這間簡陋的斗室裡。

而老莊其實，其實他不是全然的靜默……。

溫順、安靜中另有一抹能感覺到的固執——

有時睜大了不妥協、不服氣、不甘心的眼睛。

有時淚水眼眶中滾轉，臉上卻煥發著感動的光采。

更有時激動時，一陣陣呻吟、喘噓不休……

痛楚地想喊出梗在喉頭已久的無奈，或發洩他蟄伏的心……那份沸騰……。

可惜他想喊，喉嚨卻啞了……

想哭，肌肉全僵……

他是什麼能力都沒有了……

連悲傷的力量都消失了……

但杜大姐卻能由他那泉湧的笑意、氣咻咻的神情、不歡的拗脾氣，或雙眸中忽然流轉的一股燦亮的靈動或光芒，捕捉住他那脆弱中剎那間的倔強和有力的生命力……，而滿心歡喜，於是一次又一次的在杜姐心中緩緩燃起一股希望的火苗……。

望著杜姐流盼在眼底的深情，心中掠過一陣陣心痛……。

這一種愛……長久以來，已經成為一種自然，一種習慣，使他們相互間不用言談，自然就成為一種默契，一種同盟，一種熬煉，正因為說不盡，所以才難以磨滅……。

而每當老莊不聽話、不吃、不乖時，杜姐會一旁鼓著氣，扮生氣的樣子或遠遠的離開老莊，不理不接近的處罰他……。

凝望著這一對患難見真情的夫妻，如何不讓人心裡百般翻騰？

當老莊脈搏倏地加快跳動，呼吸也變得急促，全身僵硬加上雙眼上吊翻白時……

那一種一次次瀕臨生命邊緣的驚嚇、折磨……

使長相平凡、樸實的杜大姐……如今全身更散發出一種對生死無懼、了然的光芒……。

那是一種經驗過悲愴、一抹淡淡的滄桑……。

而她的愛……

是一份前世今生的相約，

是一份情長義重的相守，
一份義無反顧的堅定，
雖然——雖然——
偶爾，夜深人靜時……
那一聲聲無法久憋，按捺不住的嚎啕痛哭……
那一陣陣無法堵住、哽咽哀怨、委屈的哭聲……
是那般令人心酸盈淚……。
對杜大姐來說，那只是一時的無助、恍惚與迷失。
於是，於是，她決定讓自己走出悲愴，讓自己更健康。
所以她來汾陽……，她來運動……。
只因為還有一段長長的路要走……。
許多的明天需要她……。
必竟老莊依然存在，不管是有我、無我……
活著是美好的，
生命還是豐盈的……
所以，所以她依然的風裡來，浪裡去……
依然的可以為朋友煥發著光采，送上關心，甚至兩肋插刀……。
她是一個背著十字架而活的女人，

一個令我沉重、唏噓的朋友。

我想女人的魅力……不只是美貌……其實應該是她的蘊藏，她的堅強與韌性，以及她那份「自尊、自守、自愛」和那顆溫柔的心。

而人間最深沉的愛，不是一起笑過，一起哭過……

而是互相折磨、承擔過。

折磨與付出的最高境界，就是為自己堅持的愛……忘卻生命和苦難，也就是達到「無我」的境界……。

老莊何其有幸！有一位替他擋盡風霜的伴侶……。

一位情深義重、生死相隨的紅顏知己，令人慶幸。

而我也直到現在才明白，生命並沒有絕對的是與非，或愛與恨，一切且隨緣……。

人的一生有太多的變數，「得到」無須太歡喜，

「失去」也不用太悲傷，一切順乎自然，以平常心真誠相待，生命自然無怨無悔……。

而夫妻間的感情，也不再是一句簡單的愛與不愛所能包容的，它需要更多的修持，耐心與努力去營建，才能永恆，也才有可能生死不渝，兩相追隨……。

老莊！何其不幸……，

又何其有幸……。

「老莊啊！您好！」

從今而後，我將虔誠的為您……日夜祝禱……

盼望您！永遠是那疾風中的勁草……

盼望您！能再次熬過苦難，奇蹟再現……

為崇拜、愛護、敬重您的親朋好友……

請早日站起來……

讓『無我』的生命再現！再出發……。

原載於菲律濱聯合日報一九九八年十二月二日耕園文藝第一八三期。

獲選收錄 菲華文經總會二〇〇一年五月四日發行之《菲華文藝選集—3》•

讓自己發光

怎樣的男人讓人產生美感？

一個有愛心，有胸襟、氣度、談吐、舉止光明磊落，敦厚中透著智慧，衣著態度合宜的男人。

一個活得精采、痛快、真實又美好的人。

一個能隨著年齡成長，懂得如何讓自己發光，發亮的男人。

我想七十幾歲的吳文品，吳大導演是位值得我欣賞，敬愛的長輩。

即使他全身都是風霜，都是煙塵，依舊氣宇軒昂，聲音依然鏗鏘有力，熱力十足。

在他眼中沒有屬於老人的那份蕭索，那份無奈。身經百戰的他，是一位歷經風霜的鬥士。

由他橫跨兩岸三地，一百多齣戲的執導、編演，那份對戲劇的癡迷熱情，對藝術的執著、熱愛，對生命的詮釋、認真，使人深深感動。

長袖善舞，聲名顯赫的吳老，最讓我心折的是他才華洋溢又謙恭有禮，是一位能集編、導、演一身且能書會寫，善畫又能舞，並口才一流的文才武將。

無怪乎堪稱「菲華戲劇界大師」、「菲華劇界奇葩」、「菲華話劇之寶」。

他的成就，即使是獲得周圍人的欣賞、讚嘆、掌聲連連不斷……吳老在他那天生奇特，卻又五官端正，戲味十足的相貌中，從未見其躊躇自滿，或出現一絲傲氣。他依舊待人謙謙有禮，頷首微笑，絕不自豪、自大。

他是菲華文藝界的神話，一個身經百戰，越戰越勇的老兵。

此次亞洲華文作家協會菲律濱分會，七月二十五日舉辦的第十六次好書研讀，特邀請吳老主講「塔裡的女人」。

會中，使我有興趣前往聆聽受教的，不是早經活埋塵封「塔裡的女人」一書，或作品別樹風格，才華四溢，激情澎湃遙不可及的無名氏——卜寧。

而是真真實實存在，滿身是戲，熱情洋溢，會發光散熱的吳文品——吳大師。

一個懷有十足魅力，受人歡迎風度翩翩的男士。

話說他真可謂頭一仰，眼睛、嘴角、兩頰都是情，舉手投足都是戲，一位多情善感的藝術家，一個能自我發光生熱的發光體。

此種人——人間少有，尤其一個已邁入「古來稀」的老者，誰有他的腰幹挺直？他可真是無一丁點的龍鍾老態。

吳老雙目炯炯，神采奕奕，您瞧他步履如飛，舞步自然走成。心胸開闊，主持講座依然詼諧風趣，導文說詞琳琳瑯瑯，有如行雲流水，眼光生動，神采飛揚。偶爾耍寶，或蓄意誇張，卻都能憾動人心，引起共鳴。

我想人若有情，該是風、花、雪、月都是美，人若無心，萬物皆非皆累。

而吳老即是個有情有義，真情真性的才子。他為人溫柔，細緻多情，可由「菲華話劇滄桑」一書見悉，其所收集的菲華話劇史料、名冊、照片點點滴滴、真是琳瑯滿目……可見其人心中有情有義亦有愛。

試想年齡在每一個人身上，真是有不同的表現，有些人一生自卑自哀，過得淒淒涼涼，黯淡無光，有些人卻能讓自己發光生熱，光輝自己，照亮別人。

我以為每個人都應該試著讓自己散發光芒，不論大光小燈，只要能發光生亮，對人生小有貢獻，就不枉此生。

人可區分為兩種，一種人隨波逐流，平穩活下去。一種人是命運的挑戰者。

吳老以他卓爾不凡的才華，出類拔萃，不亢不卑的展現了他個人的才幹，並且全心全意，無私的對戲劇，對教育，對人生奉獻出自己的光和熱，他是如此的偉岸出色，是如此的值得敬仰、效法。

但，即使是他也曾歷過鮮少人知的滿腹悲愴……正如他所謂「悲歡舞台五十載，哭笑人生一甲子」

坎坷的命運並未放過心地善良、熱情擁抱大地，充滿睿智的吳文品——吳老。

正值壯年時，一心呵護的鶼鰈之愛，那長年不忍她勞心勞力至愛的伴侶，結縭二十一載的愛妻，慘遭意外，溘然而逝……。

一個懂得惜情愛物，如此情長義重的大男人，這份喪妻的悲慟，這種晴天霹靂的噩耗，曾經如何的讓他肝腸寸斷？悒鬱心碎……

這種椎心泣血，崩裂搗杵之痛，曾經是那麼狠狠的擊敗了他……

但——

即使是萬箭鑽心，即使是深埋的苦楚，噬嚙著他的心靈，數十年來，踽踽獨行的他父兼母職，默默的培育著一雙兒女成長。

更發揮無比的愛心，耐心的全力奉獻戲劇，縱橫海內外，執導劇壇。培養並教育大批人才。

吳老的豪放胸襟，瀟灑情懷，吳老的莊敬自強，他那發乎情，止乎禮對萬事萬物的關愛，那份認真，執著，真真實實的教育了我。

「一個人只有自己站得起來，才能得到別人的掌聲！」

我確信一個有慧根的人，會在經歷磨難之後，開竅，出落得更瀟灑，豪邁，就像吳老一般。

我更相信人只要懂得永往直前，不畏縮，不後退，自然有路可走……

其實我們每一個人頭上都有光環……

且莫羨慕或妒嫉他人的光亮，或許你我亮度之不足，乃因存在心中的還只是「小情」、「小愛」……。

因我確信一個人能全身充滿光亮，甚至能燃燒自己，照亮別人，必然心中存在的是股恢宏「大愛」！

「人生如戲，戲如人生啊！」

諸君！讓我們自己也發光！發亮吧！

原載菲律濱聯合日報一九九九年八月 耕園文藝社

傷　逝

風雨交加的夜……

無措的使我再次由夢中驚醒，一縷陰悒悄悄的襲上心頭。

心靈深處那封鎖，從未癒合的裂痕，隨著午夜夢迴再次無情的撕裂。

我無助的睜開雙眼，驀然自床上躍起，心胸翻湧、激盪著……。

咬緊了牙，一種痛楚……無奈的委屈感，像潮水般洶湧而至。

回溯記憶的軌道，不覺眼眶驀然潮濕。

原是一觸就疼，繫在心尖的一份情愫、一份隱忍、一份不願記憶的牽掛……。

此時此刻，卻又讓我在淒風苦雨的午夜，連連牽動著心中的翳痛……。

是的……

是他，曾經為我帶來了喜悅，帶來了希望。

也帶來了悲痛和哀傷。

是他，牽動我那不可知的命運，也轉換了我的命盤……

那是一份怎堪傾訴、回憶的「緣份」與「牽纏」……。

※　※

那年——一九八四年十二月二十七日——馬尼拉。

依舊是風雨交加的夜……午夜夢迴，使我驚醒，只記得睡夢中，自己親眼無奈的瞪著一個嬰兒，由高處落入深不見底的井中……。

瞬時驚醒，嚇得混身沁汗。全身的血液像一下子被抽光，心臟倏的往下一墜，如緊跟著落到無底深淵般嗒然若失，魂飛魄散……。

緊跟著心臟絞緊，絞得渾身痛楚，燙得五臟六腑都為之灼痛，不覺淒厲的喚醒熟睡的另一半……。

按捺不住心中無法形容的恐懼，驚嚇的躲進外子寬厚的胸懷裡。

依舊止不住顫慄驚悚的泫然欲泣，和那份真真實實，止息般的失落感……。

在伴侶攬肩的慰撫、哄睡下……。

那！是一個哆嗦、悒鬱、無眠的夜……。

※　※

天剛亮，外子火速的送我入崇基醫院檢查……。

婦產科——主治醫生嚴肅的反覆推敲、診斷……。雙眸瞬時燃起兩簇怪異的神采……。

不覺使我手心沁汗，背脊不知不覺的挺直，全身僵硬……。

醫生緊接著鐵青著臉，雙眼圓睜，目光嚴峻……。

久久、久久……才氣急敗壞的告訴我：

「肚子不動了！奇怪？長期檢查一直都很正常。……」

「妳到底發生了什麼事？……」

「有什麼不對勁嗎？……」

「是否撞到東西？或摔倒了？……」

「怎聽不到胎音？怎不動了？不可能？？？」

醫生急促的，按捺不住自己的情緒，激動失常的搖晃著我的手臂，焦急的大叫：

「去！去！去！馬上去照超音波！」……

※　※

外子悲慟絕望的眼神一閃而過，心情雜亂，默然的陪著我急奔超音波室……。

我無言、無淚……。

心靈是一片沉寂與寥落，頭腦像一片廣大的荒漠……。

不用等待結果，我早已感應心悉，一切就如斷了線的風箏般，不再擁有……。

我只是渾若不覺的呆愣著……麻木的等待手續的進行，並用力強忍住滾動的淚水……。

我絕不在眾目睽睽下落淚……

我一定不哭出聲……。

※　※

當輪到我照超音波時，躺在冰冷的鐵床上，雙眼瞪著事不關己的菲人醫師……。

他一手執著冰冷的儀器在我的腹部上遊動，一手不規矩輕薄的戲弄著——幾乎大半身貼緊，掛在他身上那嬌嗲、豐滿、充滿嫵媚……雙手上下挑逗他的護士……。

我強忍住心中的憤怒……

按捺住胸腔昇起——如燎原般的怒吼……。

心中是加倍的悽然絞痛！血液更因悲凄與憤怒……在體內急促的奔竄起來，於是我緊閉著雙眸，握緊拳頭，絕不讓自己失態……。

醫師一手色情忙碌的摸索著護士高聳的胸，一邊對我微笑的攤攤手、聳聳肩，輕鬆自在的說了一句：

「WALANA！」（菲語：沒啦！）……宣佈一條生命的結束……。

於是婦產科主治醫生馬上通知我明天住院取胎……。

※　※

外子瞪著不哭、不說話、面無表情的我……心中憋著氣……

回家的路上，一路埋怨沒見過如此鎮靜、無情的母親……。

我依然沉默，依然無言、無淚……。

只是用手緊摀著嘴……摀住從心裡迸出來的哭聲……

回房後，將自己反鎖進盥洗室，漲紅著臉，雙手依然緊抿著嘴……激泉卻像已開了閘的水霸……無法遏止的……我再也按捺不住……激烈的嚎啕痛哭……淚水恣肆直流，身體不住的哆嗦、抽搐……

委屈加痛心的哀嚎……如負傷的野獸般嗥叫……。

外子驚嚇得撞開門鎖……

雙手箍緊了我，一拽入懷，抱著我喃喃的道歉、安慰……。

但他……終究按捺不住……自我崩潰的攬緊我痛哭失聲……。

必竟共同失去的是我們的骨肉，一直等待的希望……

以及長久、長久的期待……。

哀痛的是心中一籌莫展的惋惜、不忍和心碎……。

※　※

外子終於止住了哀傷，攬腰抱起癱軟於地的我……小心的回房安置，愛憐的抬手為我拭乾淚痕，稍整零亂的髮絲……

摸摸我高聳、寂靜的腹部，勉強咧嘴苦笑的開解我：

「傻女！一切且隨緣……莫強求……。」

「是我們廖家的子孫……註定會再回來……」

撇撇嘴，我又再次悲從中來……眼淚簌簌而下，嗚咽的抽噎著，無限悲傷哀痛的……對外子哽咽的娓娓道出自己心中的疑惑……和不安……

※ ※

自幼個性怪異、執拗的我，桀驁不馴卻又灑脫自在，雖並不特別迷戀鬼神，但因冥冥中的佛緣，二十幾歲即禮佛齋戒修心……故特有一份異於常人，對神明、仙佛清心靈敏的感應力。

記得……當我懷孕初期（一個半月），曾經好奇的隨著朋友，尋訪一位菲婦，她是位能入神（山督尼紐借身顯靈）虔誠的信徒。

那天在清香繚繞的斗室，入神的菲婦，以嬰兒般的嘻笑聲……回答我誠心的詢問：

「肚子裡的嬰兒是男是女？」……

「山督尼紐的靈體」透過菲婦頑皮的伸手摸了摸我的肚子……拍手高興的以童稚的聲音叫嚷著：

「MAGANDANG LALAKE！」（好美麗的男孩子！）

並告訴我：「這個嬰兒……會帶來好運與財富！」……。

※ ※

接下來的日子都在平順的等待中渡過，隨著機運的轉變，外子有了自己的事業，我們也終於在浪跡多年的菲國……有了自己的窩。

一直到我滿月時，忽然心神不定，神情恍惚……憂心忡忡……

恍如大難臨頭般緊張、焦慮、心悸……。

於是好友特別帶我去尋訪另一位異人，是一位由越南避難……逃到菲國的老婦。

老婦人一臉風霜、黝黑、枯乾的瘦體，眼神卻依然炯炯有力，她神采奕奕的取出紙牌，要我誠心禱告後再翻牌……。

接著十分專注的研究牌局後，現出燦爛的微笑，一時燃亮了斗室，老婦人祥和的拉著我的手告訴我：

㈠肚子裡有個健康、美麗又可愛的男嬰。

㈡妳會一生富貴，有幫夫運，能躲過劫難。

㈢近日會穿黑衣。（因有親人去世）……

㈣遠方有位往日的情人思念妳……近旁有個男士暗戀妳……。

不知何故？老婦人特別愛憐的用她粗糙、枯乾的手掌拍拍我的臉頰……慈祥的用菲語說：「沒事！沒事！」……

※　※

而今，健康的男嬰何在？為何去世的竟是我未曾謀面……懷胎十月的親子？

（……原來…… 真是為他著黑衣？……）

我心碎了，不甘心呀！

拭著淚……哭啞了嗓子……百感交加委屈的我娓娓的對外子訴說著心酸……。

外子聽完……呆愣了片刻，用不太有把握的聲調告訴我：

「我偷偷問過醫生，她說應該是女嬰……」

「NO！我知道……是男的！一定是男孩……」

任性的我含著晶瑩的淚珠……是那麼發洩似的大吼！大叫！肯定、堅決又無意義的對著外子生氣的狂吼著……。

無奈的他……蹙著眉，昂首蒼穹……無語問天……。

※　※

十二月二十八日清晨——和醫生有約……。

無風、無雨，靜靜的由外子陪同……來到了崇基醫院。

醫生悄悄的說：

「反正已經死了，就不用急於剖腹取胎。」……

「馬上辦理住院……設法催生……」

我……一臉冷漠、麻木，靜靜的、乖巧的等待安排……

怎樣都好，都可以……

反正都已經不重要了……

※　※

一樣的醫院，別人是雀躍的迎接著新生命的來臨……

而我，此刻也正等待著……

等待沒有呼吸……不能長大的愛子降世……

我只是等待……

心碎……絕望……傷悲的等待……

接下來是醫生、護士反覆的奔走用藥、催生……。

可是一天一夜……過去了……

這孩子卻賴在我的肚子裡，不願出來……不願離去……

多次來回奔走、探望的外子，焦急的在手術房前等待……。

他心慌意亂的接受醫生的建議——

因孩子是個足月……四肢健全的死嬰……有完整的靈肉……不可以隨便丟棄……應該取出後馬上處理……。

千萬片刻不能存放醫院……因有時會被大老鼠、野貓咬走，或壞人偷走……

外子經人指點……立刻聯絡善舉公所，安排嬰兒墳地及收屍工人前來處理。

但，無論如何催生，孩子就是不肯出來，一直熬到午夜……

醫生慌了……臉上閃過一絲陰霾……悄聲的告知外子：

「孩子再拖一天不出來……會危害母親的生命……我們只好剖腹取胎了……。」

陰森的產房……冷清的病房……

我獨自一人留守著這依然不願出世的孩子……

那份孤苦、寂寞的心，不覺使我雙手合十……誠心的祝禱諸天神明，並默默告慰肚子裡的孩子：

「今生若無緣……且待來世再聚母子情……莫任性、不捨……」並祝導他早日投胎往生……。

※　※

於是十二月二十九日，天剛亮……

突然我全身悚動，急速送入產房。……

那是一場辛苦的生死育……雖然多次注射催生……。

必竟嬰兒早已胎死腹中……，根本無力掙扎出世。

我拼命的使盡全力……用力吼叫，全身熱水、冷汗淋漓，痛苦心碎得潸然淚下……

絕望的再次祈禱……默默的叫喚著肚子裡的孩子……

突然……冥冥中強烈的感應到嬰兒本身不該存在的一股動力，他是那麼真實的欲往外衝……

肝腸寸斷的我……無聲的嚎哭痛泣……心靈深處卻有無限的溫馨、溫暖感。

當用盡了力氣，加上醫生、護士猛力的推壓、排擠……

我的孩子終於動了，嘩啦一聲隨著血水滑了出來……

瞬時……天旋地轉，一陣昏眩……我心力交瘁的全身癱瘓……

昏迷過去的前一刻……彷佛聽見醫生訝異的大叫：

「哎呀！好漂亮的男嬰！」……

※　※

接下來整整昏睡了一天……甦醒時……看見外子佈滿血絲、紅腫的雙目正癡呆的凝視著我……見我睜眼醒來，立即愛憐親暱的拉著我的雙手……款款情深的說：

「謝謝妳！辛苦了！」

「是個很漂亮的男孩！」

盈眶的淚……又是滿滿的溢出……

吸吸鼻子、皺皺眉……我伸出拳頭重重的、羞愧的搥打著他的手臂……。

外子激動的娓娓訴說著：

「嬰兒一落地……醫生十分訝異孩子的健全、完整及漂亮……」

檢查後根本找不出窒息原因，深覺惋惜……故堅持外子一定要看一眼孩子……

外子本無意看死嬰……

又捨不下親情血脈相連……因此接過了醫生親手慎重處理後，乾乾淨淨包裹在淺藍被單裡的嬰屍……。

不見則罷……

一見之下……

突然悲慟得當場哀嚎痛哭……肝腸寸斷……周圍的人舉目觀之……都隨之鼻酸落淚……

他無限惋惜的告訴我：

「是個十分精緻漂亮又可愛的男嬰……雖然沒有生命……皮膚已呈灰黑……但！看起來面部祥和……緊閉著大眼，最奇怪、特殊之處……就是「面帶微笑」，是乎無怨無悔的走了……一點都不覺得可怕……。」

聽完外子的話……我一動也不動的坐著，像已入定的老僧。

良久……良久……在外子的呼喚聲中甦醒……

不覺……再次，再次撲倒在床上……把頭深深的，深深的埋進枕頭裡，悲切、沉痛、心碎的啜泣……心中不忍呀！

※ ※

輾轉不能眠的牽掛，使我再次由外子陪同，出現在那位入神（山督尼紐）的友人斗室……。

雙掌合十，悲淒的詢問「山督尼紐」：

「為何告知我身懷男嬰……又不能保佑他平安降世？」……

童稚的「山督尼紐嬰靈」，孩子氣的嘆息後……開口道：

「只能留下一人呀！……如果不是嬰兒去……就是妳呀……MRS！就是妳死啊！」

「今年妳註定有個大劫難呀！」……

「這嬰兒是心甘情願替妳頂災而亡的呀！」……

「MRS上次……我是有苦衷，不能講啊……不能隨便洩漏天機呀！……」

回家途中……外子緊緊的攬著我，我們都沉默無語……。

※　※

回溯年少的記憶……

是那璀璨的青春年華……

曾經有一位異士對我說過：

「女娃兒！妳要特別小心……如果妳身上某方位……有一顆痣……那麼可能會有一大劫難，妳啊！小心喔……恐怕會「活不過三十歲」……。」

記得當年……

年少輕狂的我……當笑話般轉訴……男友頓時怔住……慌亂的煞住了疾駛的車……緊張不安的擁緊我久久不肯鬆手……

事隔至今……曲指算來……今年的我？不正剛滿三十歲？

那麼冥冥中……這含笑離世的嬰兒？……可……可真確的是替我擋住了……那……那屬於我的劫難？……

天呀！

淒苦的我望著……望著同樣驚嚇的另一半……無奈的搖頭……

一切的一切……

真叫我情何以堪呀！心中淒厲的向著冥空叫喚著：

「孩子！媽媽絕對……絕不願意是這種的結局呀！」……

「我要你活著呀！」……

天呀！不管一切的一切是否屬實……

我誠心的祝禱那含笑九泉的幼子……盼他早日投胎轉世，不再孤單徘徊……。

於是就在「華僑義山」嬰兒塚孤獨的墓碑上……外子刻上了……

「BABY BOY LIAO」，也刻上了福建，清溪斗大的字體。

外子說：「他是廖家永生的愛子……永恆的子孫。」……

※ ※

於是浪跡菲國的歲月裡，「義山嬰兒塚」牽掛著我們的親骨肉，那是我永恆的痛，不願歸鄉的牽絆……。

而，前日偶然的機遇……知悉……去世多年……那小小的幼嬰冥冥中依然徘徊陪伴在家人左右……護衛著親人，不忍遠離……。

更加使我寢食難安……心生不忍……

再次的清香冥空祝禱……願他安心離去……

※ ※

無論是何因果……是何緣牽……

冥冥中……不管天地間是否存在鬼神、仙佛……我以為定有不是我們凡人肉眼所能理解、領悟的境界……。

人可以不信虛無，但不可忽略因果……。

只要心存善念，萬事包容、感恩、體諒……如此，必然常養慈悲心，而能逢凶化吉。……

於是，清明時分……

我與外子默默的背負了一大包金銀紙錢（冥紙幣），讓熊熊的火燄轉達親人不曾消失的『愛心』，讓「香燭清煙」告慰生者懷念傷逝的心……。

默默的我拈香禱告……盼四方神明保佑我那孤單夭折的幼嬰，不再魂遊凡間，牽掛家人……得以早日轉世投胎……。

而我將更好好珍惜今生今世……讓自己蒼勁悲涼的生命活得更燦爛、美麗……。

原載菲律濱聯合日報一九九九年八月二十日辛墾文藝社 副刊。

柯白玲！妳在那裡？

老師找妳！六年丙組全班同學！

【我們祝福妳！愛妳！也想念妳！】

天啊！是誰綁架妳

柯白玲！妳到底在那裡？可知道老師一直等著妳？一直一直等著妳上學？幫我收作業？我知道我不能老是哭哭啼啼！悲悲泣泣……

但此刻還是忍不住含淚想告訴妳……郭老師真的好想妳！好想妳！那天放學後……說好第二天如妳早到，會先幫老師貼壁報！可！我一直等不到妳進教室？一天？兩天？以為妳病了？還一再交待班長打電話轉告妳：『我們就要測驗華語！』就是生病在家也請要記得溫習……

孩子！一直沒有妳的消息！老師心中還直怪妳無情，真枉費我白疼妳！原來妳是慘遭匪徒劫持，消失不見！失去蹤影？……如何不讓我心碎、心痛、心悲……

綁架！綁架！被綁架！

報上登載小小年紀的妳夏絲敏【SIBLINGS JASMINE】帶著弟弟約翰【JOHN CHRISTIAN】和妹妹約怡【JOY CUA】十月三日【星期二】放學後傍晚六點四十五分，跟隨著佣人安娜及司機民道一起驅車準備前往督課！車經計順市仙弗蘭絲實戈街，突遭一輛HYUNDAI STAREX車半途攔截！被六名全副武裝的嫌疑犯手持槍械強行綁架擄走？

據報導！該匪車逃逸時是十月三日晚上八點三十分左右，在岷市百閣的APACIBLE和PEREN大街交接處與一輛三菱車相撞。

目擊者稱，事發當時汽車司機逃走！女傭安娜亦逃脫？稍後警方由棄置的匪車中發現一支INTRATEC型帶有消音器的手槍和二十二發子彈的子彈袋，及一支DAEWOO九毫米的手槍和十三發子彈的子彈袋。乃匪徒棄置車內而逃離。

當日因車禍之故……消息走露！再無法保密！故英文報一早就搶先報導！大副刊載！漢文報也不甘示弱，版版頭條，觸目驚心的，以斗大字體公佈【古島柯姓華商三子被綁架！】……

讓人看了心生不妙！暗然悚懼！……

我心哭泣

然！既是綁架就該索款聯絡？既然持械擄人，就會討取贖金？可？除了出事時最初的警告……天啊！沉默！沉默？還是沉默？……

一個多月來？「失蹤的孩子」幾無音訊？……那三個放學還未回到家，都還背

著書包，穿著制服，掛著ID都還不算長大，一個比一個瘦小不勇敢，一個比一個膽小稚嫩的小學生……！

那三個乖乖的好孩子，瞪著一雙雙無辜又純真的眸子！一向是那麼相信世界的美好！一向是那麼崇拜大人的和藹，又怎堪承受兇狠的彪形大漢，那無禮的拉扯？及恐怖的武裝挾持？怎能經得起如此粗暴的對待？

還有那駭人的驚嚇、折磨？到底這一切是何因果？是何因素？為何讓這三個平日活潑可愛，才十幾來歲、善良可人的孩子慘遭綁架、劫難？就如落入地獄般的遭受痛苦煎熬？……

如果說這一切前因後果的折騰！匪徒所為……不完全是高額的「贖金」？那又為何不讓無辜的孩子們早日回巢？減少驚嚇？

這其中是有何不能了的「大人恩怨」？而或是「商場敵仇」？天啊！這不可挽回的傷痛！這性命攸關身心折磨的悲劇！真將是孩子們一生……那永遠走不出的夢魘、陰霾……我們大人何其狠心？如此讓這純純的下一代遭此浩劫？到底所為……為何？是貪？是恨？好狠！好狠！好醜陋的人心！好慘好慘的悲情！

天下父母心

十指連心呀！血脈相連啊！誰人兒女不是爹娘的心肝寶貝？誰人子女肯讓他慘遭惡人凌虐欺辱？

誰人無子？無親？為何世人都懂疼愛自己的兒女？而可以如此輕易踐踏，殘忍的對待別人的親屬、子嗣？

誰人無父無母？又怎堪見那丟子的爹娘……日日淚眼相對？悽愴悲慟？無奈淒慘的為失蹤的兒女……四處乞求？走訪尋覓？教堂、廟寺禱告、長跪……摩拜不起？

為那丟失……生死未卜的小兒女……祈福求佛？焚香禱告？是那麼寧願自己折壽喪命！也但求三子平安、健在！……。

於是那一天……在一片飄渺的三界十方，就在諸神、仙佛的庇佑、顯靈……那煙霧繚繞的招靈儀式中！我那親愛的學生「白玲」，那一向心善、純情、又努力用功的好女孩……借著夢境……她回來了……

踏著蓮花清風……魂魄受親情的感招……化過十方三界偷偷的……飄回家來……憂心的告慰雙親……他們「平安」！

靠著眾人雙手合十……誠心的禱告，祈福……那飄離本尊的魂魄，悠悠的告訴她的爹娘：被擄走後，匪徒一直讓三人同處一屋！有時覺得很冷！有時肚子餓！沒有東西吃……她思念雙親！很想回家……

於是告慰娘親後的魂魄……無奈的消散於虛無飄渺的三度空間……

那苦命的爹娘哭啊！哭他那回不了家心悲的兒女……

哭那親子魂魄的無奈！無助！飄離……

哭啊！哭那怎堪忍受的稚齡愛子……

感人肺腑的禱告！乞求！膜拜……一切的一切雖無奈，或許情癡……但它真是天下父母心啊！

這不就是人人歌頌！最聖潔！最偉大的親情呀！

師生情緣

柯白玲！不管妳現在在那裡！請妳勇敢！請別害怕！

老師和同學……我們全體都關心、支持妳！為妳祈禱！也都愛妳……！

請保持絕對的冷靜與警覺，切記求生的信念與逃脫的準備！請以美好的期待、寬恕的心情，原諒大人的迷失所為……以減少自己身心的痛苦……

好孩子！老師真心感謝妳！在過去的大半年裡，妳一直默默的陪伴著我，幫我收小楷、作文、書法……雖說妳不是正副班長，可！總是乖巧可人，忠心不二的守候著老師！每天放學妳總是默默、熱心的服務著！離去前一定輕輕的詢問：「郭老師！還有甚麼我可以幫妳做的？」

孩子！老實說！妳讓我深覺溫馨！也讓我感動！當然我也一直對妳有份很特殊的感情與期待！無論如何，你我師生情緣它將永恆不滅！

記得妳很努力的苦練歌曲！只因為我寄望妳代表六丙參加歌唱比賽！盼妳努力爭名！而小小的妳，也真的費盡心力，刻服恐懼，在高手如雲的比賽中名列前茅……

柯白玲！連續兩個颱風凄厲的掃過菲境……幾日來寒風暴雨，徹夜狂飆！大風大雨中妳到底身在何方？可溫飽？弟妹都好嗎？抱緊他們吧！

孩子！冷嗎？餓否？壞人可欺負你們？老師真的很想念妳！就在風中！在雨中！

夜夜難眠……也一直為妳們捻香叩拜諸天神佛！祈求上蒼賜福保佑……孩子！請你忍耐！支撐住！

班上的同學也都掛念妳！都想隨我一起去慰問你的家人……可惜無法聯絡到你的父母，也不想打擾他們的憂心……你放心我們會等著妳，一定等到妳歸來！好好照顧自己的弟弟、妹妹……別讓他們哭鬧、惹匪徒心煩！

孩子答應我！千萬要小心並保重！你的父母應該會很冷靜的抉擇因應之道……他們一定會找到妳、救你們出來的！請別哭泣！別再落淚……

心語

時局動蕩不安的菲律濱，這美麗的椰林千島！中國人該更好好省思！我們想要成為擁有「中國人氣質」的菲律濱公民！那該檢討、三思的是如何真正融入菲人的世界，如何讓他們敞開心胸，無私無嫉的接受我們？

你我呀！朋友！讓我們好好的由一連串的綁架、搶劫、勒索、槍殺中國人的個案中驚醒！重新思考、定位？如何踏步我們的未來？如何同心同德的也讓菲律濱人認同我們！

在此！真誠痛心的再次呼籲我菲華同胞！心連心，手牽手團結努力！共同改善我們的生存空間，真心建設、並熱愛我們的菲律濱！讓我們的生活都能過得更好更平安！

面對今日的綁風

綁架案與一般重要的案件不同！歹徒會以被害人的性命要脅！而人質在被綁架期間的生死與其所受的傷害是懸而未決的，因此知悉案情的一言一動都可能刺激歹徒加害被綁架者！為了人質的生命安全！那些過去的經驗與教訓，我們一定要記取！千萬不可一錯再錯！！

同時你我要真確的認知，血脈相連的我們血濃與水啊！少數民族的中國人我們需要更團結，更努力！不管來自兩岸三地或四方的兄弟們！請記住！互相殘殺！彼此唾棄！仇視的我們——將沒有明天！

朋友們！讓我們一起來學習用「寬恕」、用「疼惜」使你我的生命更美好！讓我們攜手重生！再出發！

也同時呼籲一時迷失的綁匪：請記住！做任何事，尤其是會造成「無法挽救」之結果的事，請一定要三思而行啊！

而且請關心人質是有血、有肉、有姓名、有家的「人」，請尊重生命的價值、與可貴！

請讓孩子回家吧！千萬別傷害他們……

柯白玲呀！妳在那裡？我們想念妳！

愛妳！我們永遠祝福妳！

原載二〇〇一年十一月十日菲華聯合日報辛墾文藝社。

柯白玲……回來了！

一通電話……

不禁令我瞬間全身打起寒噤，它讓我頓時毛骨悚然……

心中的震撼

這通電話……使我瘋狂了！

無法控制的……胸臆中驚濤駭浪的泉湧出大股大股的悲慟與莫明的雀躍……

心跳與血液更是無法控制的亂馬奔騰……那幸福、滿足的感覺是那麼牢牢的包圍著我。

瞬間……又哭又笑幾近瘋狂的我……衝動得真是想嚎啕痛哭一場，也真想舉杯烈酒，痛飲它三天三夜……

可！最後只能孩子氣、原始、瘋狂的鼓起掌來，幼稚、用力的拍紅、拍痛了自己的雙手……以表露我那滿腔難言的興奮。

一通電話！一陣錯愕！令我怔住了！完全的震撼、驚呆了……

驚嚇！驚嚇的是這通電話……十二月十二日清晨……一樣的藍天，一樣的白雲，一樣的我，正當忙碌的批閱著成堆的作文……不經心的接起電話……

一聲恆古似近……如夢似真的叫喚聲……

一聲飄渺、細微的童音，哽咽、壓抑的呼喚著……

『老師！我是白玲……』

『老師！我回來了……』

不禁令我瞬間全身打起寒噤，它讓我頓時毛骨悚然……

天啊！是柯白玲？一個我早以為不在人間的孩子……

『老師……』

『柯白玲！妳真的回來了？妳好嗎？』

『老師！我真的回來了！我很好！』

『白玲！他們有沒有欺負你？弟弟妹妹是否都回來了？』

『都回來了！老師！我們都很好！』

『他們沒有欺負我……我們都很平安！生活得很好！』

『老師！謝謝您！謝謝您的關心……』

於是……

電話兩端的師生……一時按耐不住彼此的激動……

聲音微微的抖顫……於是兩人都哭了……

憾人心弦……那聲聲『老師……』的呼喚，它包含了多少孩子的心酸與委屈，包含了多少白玲對老師的信賴與感情……。

讓我的心一再的揪緊，五臟六腑瞬間產生了驚天動地的翻攪，覺得心臟是那麼猛烈的收縮，心疼、心痛得全身發麻……。

我是那麼激情，顫抖的嘶吼……叫喚著……才能控制住自己欲泉湧……那成串的淚珠，可！電話一端白玲那無聲的抽噎、哽咽……那心中存在的是多少的無辜？傷痛？耳聞的悽愴，令我全身上下頓覺是那麼徹骨的挫痛……

回來就好！回來就好！深深的……深深的，我仰天吸了一口大氣……喃喃夢囈的對著早已擱下的電話，含淚釋然，如瘋狂一般的開懷大笑，是的！我好高興！好快樂！除了心臟微微的疼痛……誰又去理會它……管它是否淚流滿頰……。

於是我忍不住飛奔學校……一路上真想大聲的告知每一個不管是否認識的路人，真想大聲的宣告全世界……我好快樂……因為……因為……『柯白玲……回來了！』。

於是我等不及英文班下課，急促的奔上中學部……一樓一樓的尋找……尋找我去年的學生……尋覓去年六年丙組的班長施伽樺……

一樓、二樓、三樓……終於在各班學生歡愉的探頭高呼「MADONNA」聲中……看到了驚訝萬分的伽樺……。

當她獲知柯白玲回來的消息時，馬上鼻酸，淒楚的落淚了……高興又孩子氣的我猛烈的搖晃著她的手臂，要她通知去年的同學，還有熱心的家長……我們立刻決定一起再次結伴同行……『一起去看柯白玲！』……

綁架！綁架！

整整一年兩個月的綁架案……

整整十四個月失去蹤影的學生……

話說三個孩子分別是夏絲敏〈SIBLINGS JASMINE〉、和弟弟約翰〈JOHN CHRISTIAN〉和妹妹約怡〈JOY CUA〉，跟隨著佣人安娜及司機民道，去年《二〇〇〇年》十月三日〈星期二〉放學後傍晚六點四十五分一起驅車前往督課時，車經計順市仙弗蘭實戈街，突遭一輛 HYUNDA STAREX 車半途攔截，被六名全副武裝的嫌疑犯手持槍械強行綁架擄走……

一個月……

兩個月……

半年……

一年……

幾乎聽不到任何消息……

眾說紛紛……有人說早被釋放出來，送出國了……

有人特別告知我……聽說孩子不在了，沒有了……恐怕遇難……早死了……

好心的同事告訴我……

『老師！您認命吧！沒指望了！您不用再四處詢問消息了……她們不可能存活

的……』

可我不信！咬緊牙根，堅信人間定有天理與公道……我確信因果，可也堅信……堅信人心是血肉的……孩子何其無辜，大人就是有無邊的深仇大恨……也不該讓報復發生在孩童身上……我不信人性真是如此兇殘險惡……我等……！

我固執的告訴自己……我一定要等……等柯百玲回來！我告訴自己……人在見人……人死我必要見屍……。

心中的想念

當柯白玲被綁架時……記得我全班六年丙組的學生真是烏雲慘暗……個個學生心酸含淚、情緒低落……。

白玲是個乖巧懂事深得我心的好孩子……一向熱心服務，十分體貼老師。若說她有所不足，那是作文程度不佳，記得她自己十分憂鬱作文分數的低落……這孩子會默默靠近我，輕輕的詢問：『老師！我作文不好的原因在那？』

鐵面無私的我告訴她：『捉不住重點……文詞不當，不知所云……』於是這小小瘦瘦的白玲是那麼堅定，神色認真的告訴我：

『老師我會努力的，我一定要加油！一定寫好作文……一定不讓您失望！』

是的！白玲是我去年相當疼愛的好學生，在班上排名第二。

她除了熱心服務外，充滿自信與努力的決心……讓我心動。記得從此每一次作文後，她會挨近我身旁一再詢問：『老師！我進步了嗎？』

真是一個惹人愛憐，清秀可人又勇敢的小女生……無怪乎我對她的被綁、失蹤痛入心肺，有如晴天霹靂般的震撼……

記得當日全班的孩子共同簽名，我們製作了一張大海報，寫上『柯白玲！妳在那裡？』

『我們全班都想妳！』

『我們愛妳！』

於是三輛浩浩蕩蕩的大車帶著老師、學生與家長滿心滿腹，滿滿的祝福，當日我們特別走訪白玲的家……記得我還帶去一整缸，整整一千隻、七彩的【千紙鶴】，但願它能帶給悲悽的白玲父母一點安慰與希望……。

我們共同祈願『柯白玲……早日平安歸來！』。

記得當時白玲的母親擁抱著我，是那麼激動的痛哭……千紙鶴也一直一直供在她們家高高的供桌上，閃動著眾人的祈禱與心願……

這裡除了有白玲父母日夜痛心的思念，泣血的等待，還有……還有同學們純純真摯的友誼，及郭老師日夜焚香，誠心叩拜諸天神佛……。

我們一直一直是那麼熱烈的等待著……等待柯白玲的歸來。

記得直到學期結束，同學們畢業前……班上那「柯白玲的座位」我固執的一直一直保留著……不讓任何學生企圖坐下！

我告訴全班的同學！老師要等柯白玲回來上課……

一定要等她回來！誰也不許侵占她的位子……。

也許……也許真是眾人心中的想念……感動了上蒼……也許……也許是諸天神明的護佑，柯白玲終於回來了……。她回家了……！

歷劫歸來

上天憐恤……我終於得以見到柯白玲！

這孩子瞪著斗大的雙眼，激動的張開瘦弱的手臂，緊緊的擁抱著我……哽咽淒楚的叫喚著……

『郭老師……』

於是我又哭了……

只覺得轟然一聲，整個人熱烘烘的燃燒起來，心再次的揪緊，我緊緊的擁抱著奔向我來的柯白玲，久久哽咽難言……。

依然的……無法減輕對她那股痛徹心肺的愛憐與心疼。

一股感動的情懷漾起的漣漪……久久不能平復，百味雜陳的酸楚直衝上鼻腔……。

看著她！我歷劫歸來的學生……我們相視的笑了……含著淚笑開了……

感謝上蒼，感謝諸天神明慈悲……真的是柯白玲回來了……她真的回來了……

於是一股暖流真實的自我腳底回升至心窩，我快樂的笑了……笑至眼角濕漉……笑至嘴邊顫抖……

歷劫後的白玲……不一樣了！感覺上她迴然不同，這孩子歷經磨難後，是乎開竅出落得更堅強更平靜……。

是乎整個人蛻變、成長、成熟了……。

如今我所見到的白玲……

她的背脊是乎挺得更直，整個人出乎意料的平靜、目明、耳聰，唯一不變的是依然無邪的盪漾著純潔的童真……依然善良可人……。

只是泉湧的笑意中隱隱的含著讓人心疼的滄桑，令為師的我，內心深處微微抽動著，抽得隱隱作痛……。

這孩子長大了！可惜太早以自己的血肉身軀迎向大人殘酷的現實社會，太早開始學會把呻吟和求救噤入她無奈的內心深處……。

白玲蛻變了！是現實的災劫令她在酸楚的環境中成長，令她歷劫歸來後，憂憂的神情有股恍如隔世的平靜……。

面對成長的她，我不知該是喜還是憂？

喔！親愛的白玲！孩子！請莫忍住不哭……

郭老師心疼妳的忍耐……心痛妳的平靜……

哭吧！孩子！沒關係……讓老師陪著妳痛哭一場……

哭吧……哭那『心中的恐懼』、『心裡的害怕』……

哭妳……長長一年兩個月，見不到爹娘……看不見陽光的悽愴……

哭妳……日夜思念親人、老師、同學的孤寒……

哭妳十四個月……一再被矇眼、綁手……

恐懼的搬動了十一次藏匿的地方……

哭妳……那不知身在何處長長寂寞的年月……

哭那心中的悲愴……。

柯白玲！哭吧！讓老師陪著妳一起痛哭……

哭妳悲痛的浩劫……

一生一世難忘的傷痛……。

孩子！我們都愛妳！都情願陪著妳痛哭！

……

我無限愛憐的眼看著這三個歷劫歸來的孩子，他們很有默契的彼此守候在一起……，那弟弟與妹妹即使累得縮在沙發一角，睡眼惺忪了……依然不願離開姐姐白玲回房……令我心酸得再次淚眼盈眶，悲從中來……。

這是一場怎樣的綁架？又到底造成了何種的結局……

它結束了嗎？或是否結束了一場悲愴，又將是另一場悲愴的開始？

江湖恩怨

莫問此次綁架因果如何？

莫探此次綁架贖金多少？

也請莫對雙方胡亂批評、人格污衊或下任何無憑無據之斷語……。

我以為任何事故都必有其前因後果，也絕非偶然，是非公道自在人心。若屬江湖恩怨，更不容外人理解、評斷……。也一時難論彼此得失……。

我能明確肯定的一點是此次綁走柯白玲姐弟妹三人的，絕不是菲人所為。而它的起因是一齣『江湖恩怨』惹的禍端。

綁案的前因後果讓我深切的對人性有所了悟……

『報復！』兩字太可怕了！

它是一把兩面鋒利的刀。可傷人於無形，卻同樣也能令傷人者遍體鱗傷或造下無邊的罪孽。

『人』往往用自己狹小的角度去判斷人事，用私心去對待他人……。

所謂做人莫如丈八燈檯，照得見別人，卻總是照不見自己……。

也許我們有時也需要登高，看看大千世界的寬廣，至少……也該偶爾爬上屋頂看看自己的渺小……再重新整合一下自我的胸襟、氣度……判斷、檢討一下前世今生的因果得失……。

說穿了你、我、他不都活在【江湖】中？

其實……無論是那一行那一業……

只要有人群，就有是非、妒嫉。

只要有爭奪，就有搏鬥、強搶。

只要有貪念，就有手段、歹心。

只要有失敗，就出現報復、仇恨。

於是人世間只要有七情六慾，人性善惡的演練，就出現所謂的【江湖】。

於是江湖中不停的流轉、上演著所謂的江湖恩怨、義氣……江湖的是非、仇恨……。

因此人類很苦，只要活在世上，就要面對一連串永無休止的江湖噩夢，糾結在愛、恨、情、仇，你爭我奪的輪迴中，一時無法釋放自己，也無法釋放別人。

有時太深的貪與恨，就因此狠狠的撕裂、割傷自己，也一再殘傷了別人。

正所謂『人在江湖，身不由己！』一個人若非有博大的胸襟，自我的修持，寬宏的氣度與包容心，如何在「江湖」中安身立命，全身而退？

是的！所謂江湖不就正存在我們的工、商、文教各界？

是的！任你、我、他……我們都無法成為「江湖的逃兵」……這絕對是每一個人必修的課程……。

本是同根生

話說柯白玲事件，讓我連想到中國歷史記載……

三國時代魏王曹丕欲逼殺其弟，令其當庭作詩，其弟曹植才高思敏，方行七步就吟唱：『煮豆燃豆萁，豆在釜中泣，本是同根生，相煎何太急。』……

我是不甚了解鍋中的豆萁是否真痛得在釜中哭泣過……卻知曉當今兩岸三地

……全球、全世界各個角落，無論來自何方的華人、華僑、華裔……我們都是中國人，都是央央大國中華民族的兒女……。

我們不都該俱有大國的民族風範？不都該念及華夏同根之情？不都該彼此團結？互助合作於海內外？

我們不都該如手足般同心同德？互相體諒，彼此照顧？包容？

『本是同根生，相煎何太急啊！』

親愛的朋友：請讓一場干戈化為玉帛，讓彼此都終止一切的仇恨。請讓滿心的怒火，滿心的怨恨都隨災劫的結束，得以銷聲匿跡，千萬不可重蹈覆轍啊……。

因因果果它將輪迴不休啊……。

感恩的心

話說由被綁歷劫歸來的孩子口中……我對看守她們十四個月的中國北方大漢……心中懷有莫大的感恩。

經由他們……我重新肯定人類『性本善』的精神，並沒有完全消失泯滅……。

一年兩個月漫長的囚禁中……綁徒十分善待三子……

除了並無趁機欺凌、毆打或以任何越軌行為欺侮孩童。

奇異的是還百般友善的安慰、安撫她們……讓她們得以消除恐懼並寬心等待家人援救，綁票與綁徒相互間尚且建立了難言的默契與難捨的友誼……。

柯白玲姐弟妹三人……一直被照顧得很周到，除了失去行動的自由，不得擅自離房外……被綁的三子包括跟著被捉……那受傷跛腳的司機民道四人，其所囚禁的斗室，幾乎是二十四小時冷氣供應，三餐北方口味，辣得好吃又下飯……綁徒大哥還連續購買兩台電視遊樂機、及英文書籍供孩子消遣渡日……。

十四個月被綁囚禁的日子裡……除了十一次緊張的矇眼、綁手搬家……無法讓孩子發現到底身處何地、何處外……日子過得還算平安。三子也就是如此的在等待釋放中熬過了整整一年兩個月……。

此種綁架的待遇何其幸運啊！可見人間還是處處有溫暖！

於是在漫長的談判議論中……

今年十月二十六日……白玲的妹妹約怡……〈JOY CUA〉首先被釋回。

接著十二月十一日……白玲〈SIBLINGS JASMINE〉與弟弟約翰〈JOHN CHRISTIAN〉也被安全釋放。

據柯白玲描訴……綁徒送他們離開時還特別交待多穿衣服以免受寒……當將他們帶至達雅台市公園附近時……還分別各交一只塑膠袋……並轉告他們萬一下雨……即可……以此擋雨……以免受涼招寒……匪徒大哥們還一再的肯定她們接通了電話……已有人接應……始寬心離去……。

天啊！這不就是「人間有情？有愛？有義？」……

真是打破了有史以來慘忍綁案、撕票的紀錄……。

此件案子……若非「江湖兄弟有情有義，恩怨分明」……或非柯氏祖先「祖上

餘蔭」，若無諸天神佛積極護佑，眾親人好友愿力有功……如何使歷劫一年兩個月的三子，不但存活而且身心健康……也都成長白胖？

最可愛令人哭笑不得的是……歸來後的姐弟妹三人竟都能講一口標準的「普通話」，都能吃上「開胃辣椒」……而且能自動幫母親洗衣抹地。

無論如何……在此郭老師深深的……深深的遙空拜謝這些善待柯白玲的江湖大哥……。

感謝您不管如何也陪伴、保護了她們漫長的一年兩個月。

母愛的光輝

話說整件綁案最痛心淒苦的人……該是白玲那傷肝裂肺，悲痛的母親，可！最令人尊敬佩服的也是這位平凡的母親。

她自始自終雖被絕裂的悲愴裹住，可！最終勇敢的莊敬自強隻身應付綁徒，談判、講情……是那種到最後寧可全盤豁出去……可以說幾乎是以軟硬兼施的搏命方式取勝……

就是這位偉大的母親一路擔起責任，堅強的在劫難發生後首先站穩了腳步，冷靜的思考，安慰伴侶並出面處理事件……

這位母親有自己的主見、想法和堅強的意志力，臨危時也能強忍住悲慟，拔身事外，冷然分析情勢、結局。並能看透因果，堅信天理與公道。

就因為外貌平凡……更彰顯出她眉宇間的果敢及無人可及的冷靜……。

也就因為這位堅強充滿智慧的母親，才能順利平安的挽回了三子的命運。災劫後白玲的母親……相信在經歷過磨難、苦痛後，更能領悟人生，更能提煉自我的潛質，也更能知所奮發，多行善事。

當這位母親感激的拉著我的雙手，眼中閃爍著陽光與喜悅……，我明白歷劫後未來的道路……她將是屬於大智大慧的修道者，將是一位虔誠佛陀的佈施者。祝福這位偉大的母親……。

眞心的祝福

我親愛的白玲！再次接獲妳的電話……知道妳將遠走他鄉……遙無歸期……。老師十分不忍！在此但願妳牢牢記住……且讓一切災難遠離，千萬不可心存恨意、報復……莫讓悲劇再次輪迴……。

記住老師的話：『傷人一刀，身留疤。傷人一語，心留痕。』

孩子！人『心存感恩』會活得自在，老師明白妳變得更勇敢、果決而且更聰慧了……恭喜妳的成長。

天涯海角……無論妳在何方，請保有自己的純真與童心。往後的歲月請記得多寬恕別人，多行仁義。盼妳以更寬厚的胸懷善待他人。

好孩子！老師知道未來妳將會是另一株【疾風中的勁草】，在成長的道路裡，衷心祝福並盼妳挺立如山岳，堅定如磐石。

我親愛的白玲！今生天涯海角……也許妳我師生無緣再見……可！無論妳在何

方……請帶著郭老師衷心的祝福！願妳旅途一路順風！

原載二〇〇〇年十一月二十五日菲華聯合日報耕園文藝社。

失火的天堂

——天堂、地獄在人間——

歷史的傷口

談到那一天……

他們一個個血脈僨張……

臉色發青，眼睛發紅，神色陰鬱。

激動的咬牙切齒，臉上扭曲著不平，不能釋懷，不能消弭的悲慟。

那一天，就是那一天……淒慘灰色的五月天……

雅加達一位華裔少女下班回家，半途被十個印尼原住民男子攔截，暴徒凶惡的扯她下車，殘暴的剝光她的衣裙，群毆、強暴……最後挖掉了一個乳房……

是那一天……熊熊的火燄燒紅了印尼各主要大城市的半邊天，首都雅加達、中爪哇梭羅、棉蘭、耶城及蘇東區各中小城市，包括東爪哇泗水……等地區，就在一九九八年五月十三、十四、十五日這三天發生排華大暴亂，各大城市彈指間處於無政府狀態。

尤以梭羅和雅加達被破壞得體無完膚，觸目所及處處危樓欲墜，頹垣敗瓦，慘不能睹……。

談到那一天……

他們如遭電殛般的捶心頓足……

是那一天……

正在看守店鋪的華婦，當暴徒洗劫她的財物時，她正含笑哺育著剛出生的幼嬰……

三位暴徒當著丈夫的面輪姦她……癡呆三日的華婦喝下一瓶「拜貢」自盡……

那一天……一批批陌生、強壯、身材魁梧、短髮平頭的暴徒，不知由何處成群結黨的冒出，像一陣鋪天蓋地狂飆的旋風，讓人毫無防備的……瞬間席捲……侵襲華族……

暴徒們在同一時間，不同地區是乎有組織有計劃，訓練有術的對華裔社區的婦女進行凌虐、強暴、恐嚇和殺戮……。

是的……是那一天……

一位九歲的華裔小女孩被暴徒強姦後……還用破裂的酒瓶硬塞入下體，插傷她的子宮、腸肚……。

恐怖的五月天……是鬼哭神號的一天……

一家三口的華裔全部慘死……十歲的女兒及母親遭暴徒輪姦後被殺……，父親則慘遭兇手推入熊熊大火中，活活燒死……。

慘絕人寰的獸行……就在那一天……

大卡車將暴民一群群的運到目的地，他們訓練有術的帶頭吶喊，拉開華裔社區的店鋪，並煽動、挑撥附近貧窮的原住民，風起群湧的配合他們搶劫、搬運、焚燒，並高喊排華口號……。

群眾讓火燄染紅了血腥的雙眼，燒狂了野蠻的狠心，成群肆無忌憚，明目張膽盲目的跟隨著暴徒洗劫華裔……

熊熊的火燄貪婪的吞噬、焚燒著路旁一輛接一輛的汽車、貨車、摩托車……。暴徒成群的湧向華裔商店、銀行、住宅、教堂等，進行瘋狂的襲擊、焚燒，肆意吞噬，企圖搶奪、掏空、掏光那手無寸鐵一個個驚嚇、無措的華裔。

談到那一天……

望著華裔一個個蒼涼、無奈的身影……

凝神靜聽他們永遠訴説不完的悲劇，沉默一旁的我彷佛能感受萬箭穿心的悲慟，及那種無法言喻，徹骨的挫痛……。

於是，於是……

大股大股的悲愴感，在我心底氾濫……。

受劫、受災、受難的印尼好友們……是那麼萬念俱灰、哽咽的紛紛控訴他們心中的那份悽愴，那份不平……

就是那一天……

暴徒在不同的城市，粗暴地剝光、撕碎華裔婦女的衣裙。全然不理會那少數民族的華裔……他們跪地求饒……哀號慘叫的悲鳴……。

在馬路上，在橋下，在車上……

在親人、族人面前公然的輪姦、強暴華婦、華童，以宣洩獸慾，報復貧富不均的社會結局……。

暴徒用利刀劃傷少婦赤裸裸的全身，燒死、凌辱、戲弄老婦。割下處女的乳房，再推向火海……

殘酷冷血得幾乎不留活口……

這絕對是沒有天理，喪盡天良的一天……

您！可知……

一名十歲華裔女學生放學回家，發現自家商店被燒毀，驚恐的到處尋找父母……結果被兩名男子挾持，在鄰居面前剝光強暴、戲虐、凌辱至死……然後順手拋入火海……

十八歲的華裔女孩維維安（Vivian）……所居住的大廈被近百人包圍……暴徒瘋狂的大舉侵襲華宅……兇惡的大吼狂吠：

「殺死中國人！殺死支那！」……

然後成群衝進大樓住户搶奪、姦殺華裔……

維維安由七樓狂奔至十五樓閃避……

她親眼恐怖的目睹一個二十歲的少婦，被四名暴徒凌辱輪姦……。

驚嚇中拔足逃難的維維安被魔鬼捉住……猛力撞向牆角，昏迷中亦難逃魔掌……。

慘遭七人當著她那被綁的父親面前輪姦……

妹妹維妮（Fenny）被強暴時因反抗，激烈中向其中一人吐了口水……被暴徒以小刀一刀一刀地狂刺猛割……直至滿身滿地鮮血染紅……死後方休……。

鄰居杜迪也是被亂刀砍死……

他的妻子薇拉親眼瞪著他斷氣……而自己亦被輪姦……。

暴徒說：

「因為妳是中國女人，而且不是回教徒，所以要強姦妳……」

這一天……是華族的慘劇……

是華裔的恥辱——是全世界的震撼——

這一天鮮血染紅了印度尼西亞——

是全人類歷史的浩劫……

您可相信？就是那一天——

印尼鬼影森森、噩耗連連？

令人聞之顫慄驚悚？

無語問天！

就是那一天……

一群暴徒攔下一部公車，將車上所有的原住民趕走……只留下華裔女子，然後在車上一一予以強暴、戲弄、羞辱……包括老婦？……

您可知道那一天……

棉蘭市女子師範學院的華人女學生，在逃避校園的暴亂時，被警察攔下命令她們脱光衣裙，當眾作裸體健身操？……

這是一場沒有炮火卻更慘烈的悲劇……

這是一齣凌虐婦孺、踐踏人權必遭天譴的罪孽……。

那一天……

是印尼華裔生生世世永恆的傷痛！

那一天……印尼華人、華裔心中烙下的歷史印記……

是世世代代無法磨滅的創傷……

據印尼婦援中心的紀錄：

受傷害的婦孺幾乎是從……十歲到五十五歲都無法幸免……

根據印尼全國人權委員會納巴班透露：

五月反華事件帶來了「民族的裂痕」與「戰後般的蕭條」……

經統計：

死亡人數達：一千一百八十八名〈包括謀殺、強姦、慘死者〉
遭暴徒強姦者據報導：單首都雅加達市超過百人……。〈未報案者數目不詳……〉

慘遭燒毀：

超級市場40間，辦事處383間，商店4083間，住宅1026間，汽車1119輛。

印尼主要城市，到處被破壞得體無完膚，觸目所及殘墟廢瓦，面目猙獰，瘡痍滿目。像歷經戰火炮轟，劫後的戰場，遍地殘骸狼藉，焦臭撲鼻……。

令人慘不忍睹，令人悲憤填膺……。

您可知悉？

據『印尼人權組織』和『強暴輔導組織』報導：

顯然有不知名的團體對華裔婦女進行有計劃的攻擊？

而暴動當日，當時居然軍警消跡，或全作壁上觀？

全國處於無政府狀態？

讓瘋狂的暴民為所欲為？犯下無法瀰補的滔天罪孽……？

在此——神明共鑑……

印尼華裔到底何罪之有？需受此劫難？

華族婦女又所犯何罪？竟遭此神人共怒慘痛之姦殺？

不是世人都說：「地獄無人見？」……豈知今日斑斑現形在眼前？

此情，此景……

正所謂烈火焚燒，不見天日，鬼魂淒慘哀號，令人慘不忍睹……。實乃：『人間有地獄，地獄在人間！』

前因後果

起因乃為……

一九九八年五月十二日，蘇哈托政府利用軍警衝入一 TRISAKT 大學校園槍殺參加「改革及反政權示威遊行」後剛回校的四名大學生（此大學乃華裔居多，據稱死者乃兩名華族）。

消息傳出後，濫殺無辜學生此舉，立時引起社會大眾尤其華族前所未有之強烈抗意、怒吼與反彈……。

一九九八年五月十三、十四、十五日，突然全國主要大小城市同一時刻發生排華慘劇，頓時血流成河……。

依當地華裔控訴：

此乃蘇哈托政府為轉移社會大眾視線，並利用組織煽動群眾，一方面報復學生反政權，一方面嫁禍並加罪於華裔的大陰謀……。

乃至驚天動地的煽動原住民，無可挽回的策動群眾犯下共業，造下最慘重最邪惡的孽障罪業。

暴徒們為所欲為的以邪惡、魔鬼般的殘酷、冷血……

無知的以群力動開「地獄之門」……

可恨！令人痛心的是……整齣悲劇結束後……

暴徒竟如惡魔、幻影般有紀律有計劃的……人間蒸發……

最後政府公告偵辦後的結論——竟然是——

沒有主謀……沒有原兇……

沒有幫兇……亦沒有從犯……

一切只是一場不存在的噩夢……

一場眾目睽睽下的玩笑？最終的結果——

政府方面沒有道歉……

沒有內疚，沒有遺憾——

只有一千一百八十八個冤死……

屍骨未寒，流離失所的孤魂……

城門內外四處漂盪、徘徊……

當一切動亂歸於平靜——

那些慘遭地獄之火洗禮的羔羊……

死的死，痴的痴，瘋的瘋……

自殺的自殺……

這不就是一幅活生生的「人間地獄圖」？

印尼華裔每次在國家政權交替的真空期，總成為少數民族中唯一，唯一的受害者……。

整齣悲劇讓人扼腕、嘔血……深覺荒誕的是——

再一次——再一次無奈的重建家園……

而活著的，只能選擇——

可悲的華族，在別人的土地上，只是一再重演……

社會動亂的犧牲品……

一再承受熊熊地獄之火無情的焚身？

而這齣歷史的悲劇——

如今也只是一點一滴正隨著時間的流失……

以它不同的溫度，不同的速度慢慢褪色、冷卻、消散……

不甘沉默的我卻以為——

一部「印尼華人的血淚史」，應該給于後代子孫留下歷史的見證。

讓全世界的華人、華裔有目共睹，引為借鏡。

實不能也不該任其隨著時光魂飛魄散，消失冷卻——

至於——

那些受盡凌辱、創傷的華族，那些冤魂的血債呢？

身為中國人的我們，到底情何以堪？

難道對此歷史的傷口——

沒有同體大悲的心痛？沒有十指連心的感受？悲啊！

走訪印尼

一九九九年四月八日——我由外子陪同從馬尼拉經由台灣轉機，直飛雅加達，歷時五個小時。

來此走訪，理由有二：

㈠印尼暴亂排華（五、一四）此曠古慘劇發生後，震驚世界，為國際同聲不恥，全國更陷入經濟危機，嚴重影響觀光。

而災後印尼情況到底如何？事實真像又到底怎樣？

據悉：

印尼彷如地獄鬼城般，人人走避，不願逗留來訪？

可！惟有我那善良、精幹的外子卻一心視為天堂，看為淨土？

且再三屢屢相邀同遊？（外子兩年來一直滯留印尼經商傳道，極少返菲）。

㈡一心見證「五、一四」浩劫後人間地獄。盼瞭解所謂「天堂、地獄」之說。並深入研究外子高唱「胡不歸」何解？

《未進入印度尼西亞心情起伏，自我雖一路放鬆，極力掩飾緊張紛亂的情緒，其實內心有如萬馬奔騰般糾葛不安……。》

進入雅加達，臉色陡然一亮，瞬間一抹笑意立即浮現眼角嘴邊，怎知眼前景況與環境……感覺上真彷如回到了家……。

因印尼人民和菲律濱人猛一看頗為相近，除了膚色較為深褐，身材相當，與我這不中不西的臉譜竟相吻合？

印尼土話（和馬來語相通）與菲律濱國語「TAGALOG」拼法亦頗相似，其中平常用語，居然也有完全相同的詞彙（例如：KANAN、ANIM……SAMA、SELAMAT）。

若勉強分析印尼人與菲律濱人不同之處，印尼因歷經荷蘭統治，其本身乃屬多民族混雜之國，故部份人深具拉丁血統，真正原住民雖頗似菲人……但菲人輪廓較深，印尼人雖也大眼尖鼻，總覺無我菲律濱人亮麗生動及民族性開朗、活潑。

而最主要的不同處是那份予人的「直覺」感，印尼百姓在同樣熱情、純樸下，雙眼閃爍透露出「較多心機」。

而菲律濱人與之相形下較為單純，因此和印尼人相處讓人心情沉重……頗有壓迫感。

一般印尼人個性衝動、盲從、天生好管閒事，好成群結黨。由於文盲人口比例高，一般人容易受人煽動利用，又種族感、宗教觀頗強。

再者印尼兩億人口中百分之九十貧窮，高達五千萬人口赤貧，兩千萬人失業。事實上外島甚傳饑荒……。

加上貧富相當懸殊，故一般人較為極端偏激……。

如此人多、貧窮又特別好事的國度，最容易因細小事故摩擦乃至醞釀成災……。

例如：一有小車禍整條街、整個村莊的原住民一呼百應的全衝至出事現場圍觀……不論是非對錯，一起圍攻肇事者。（肇事者若為華裔，那必遭亂棍打殘、打死方休無疑……）

地獄之眞面目

話說一個慘痛的歷史悲劇，其煉獄該是如何的醜陋？

一個曾經烈火焚燒的地獄，該是怎樣恐怖？陰森？

刀山？油鍋？毒蛇？猛獸？

斷筋抽骨？十八層地獄？

喔！NO……

不是這樣！完全不是如此！

當我跨入雅加達，眼前景況——

土地寬廣肥沃，物產豐富，綠意盈然，馬路寬暢……

兩側路旁排列著歐式建築之浪漫小屋……

紅瓦白牆的點綴於松林蒼鬱、碧草如茵之間……。

人間天堂

淋著和煦的陽光，站立在那一片片一望無際，湛藍的天空下，我癡癡的凝望著那屬於大都會的一片翠綠……

屬於遠山、田野的一片清新……。

那高聳的古樹，那平躺在面前的一大片綠野……

那梯田，那阡陌……

那些迎風擺動著不同舞姿的綠草叢花……。

還有舉目望去整片，整片的綠影盪漾，是屬於那種原始、自然，青青翠翠、嫩青翠玉般……未經污染的一抹初綠……。

赤道的陽光從整排、整列的葉隙中射入，像一條條閃亮的金帶，晶瑩亮麗的普照著車水馬龍，熙來攘往的首都及樸素、清新的鄉野、村莊……

站在這一片不相熟悉，陌生的土地，似乎感覺上又是那麼親切……讓人有種說不出……那屬於回歸原古原始的安然舒暢感……。

望著初見面的雅加達……

看著遠山綠林……

強烈的給人一種震撼感……

一種歷久不散的舒適、鬆懈感……

那是一種難以言喻，屬於歷史的……

屬於一種濃郁古樸的溫馨……

使人深覺自有一股暖流，溫馨的盪漾著心靈……那是種嶄新的感覺……。

尤其，尤其……

那遠山朦朦朧朧的隱現在一層薄霧中……美呀！

彷如日本富士山般孤傲壯麗、神秘……。

尤其，尤其……

昂首穹蒼——那藍啊！

那一片湛藍的天幕啊！

是我最大的震撼！

不論是清晨的旭日！

正午的豔陽！

黃昏的日落！

廣闊的天際總是千嬌百媚的演煉著不同的色彩……

那繽紛的朝霞，絢爛的晚霞，總是那麼——

那麼真實又虛幻的出現，輕抹在澄清……澄清的天端，彷如仙境，彷如天堂

……

讓人不自覺凝神屏息，心蕩神馳……

讓人不自覺讚嘆生命的美好……

宇宙的奧秘……。

當然印度尼西亞各主要都市亦有高樓大廈之商業區，建築都屬一流，可謂相當

新穎壯觀，氣派非凡，別有風味。

實充份展現了印尼古國大都會本身的時代感。

由這一點一滴的景觀，任誰也無法經由這麼一片淨潔、清新的土地去幻想，去理解它居然不久前……才歷經「多麼震撼人心，多麼殘酷、血腥的暴動」？

任誰也不能相信……

它曾經讓熊熊烈火焚燒過半邊天？

曾歷經滄桑劫難過？

曾經……殘墟廢瓦、面目猙獰？

這樣的淨土……竟是如此的結局？……

正是我百思不解的疑惑！

而一直以來——

是印尼政治、經濟、文化中心，素稱繁華美麗的首都——雅加達，

其市區內外仔細觀察……亦殘留著幾許未經整修粉飾，那因「五、一四」事件暴徒狂宴後的廢墟……

及斑斑支離破碎的瓦礫殘爐……。

還有幾處貧民窟、破落户、髒亂地……。

即使，即使是如此……

都不足以影響我對這一片讓人敞開心胸，澄藍清澈的碧空，那份歡欣之情。

而且在那滿佈原始的森林，一片片綠野的薰染下……

那馥幽清新的空氣啊！

是唯一，唯一能沖淡歷史傷痛，拂除陰霾和恐懼的良藥……。

「印尼之旅」——外子和友人陪我走過雅加達及其近郊……跨過中爪哇，三寶壟、井里汶及一些附近的村落、山野、觀光區……。

繞過噴泉火山群，走入國家原始森林保護區，參觀過各大小博物館、歷史文物館……眼見巨大巨大的煉油場，及登上世界最大最古老的佛教聖地——婆羅浮屠〈中爪哇〉親身感受那悠久文化的神秘與壯觀……

如此繞了一小圈——

不得不使自己承認：人類與神秘的宇宙相比較……實在是太渺小太微不足道了……真不過如滄海一粟。

因此人存活在世間……萬事萬物實無須小腸小肚、斤斤計較……何不看開一切？得饒人處且饒人……一切人事變遷且讓它順應因緣與自然……

至於一切因果與悲歡是非……自有冥冥中的定數，人只要安守本份盡心努力……平安就是福！

您瞧！大自然才算是瀚浩宇宙的鬥士，才是瀟灑的藝術家。

不是嗎？

然！在如此一片天靈地靈的土地上，

如此一塊人間淨土上……
真不知何故？印尼華裔竟遭此煉獄之災？
而！美好的印度尼西亞啊！
它！原來真是天堂啊！
是人間淨土哪！
如此一塊美得令人賞心悅目，意境深遠的天堂……
一個讓人流連忘返，愛不忍離的土地……
一個如此雅拙古樸，饒富情趣的地方，
那山峰綿延，芥芥蒼蒼，
有峻峭的高峰，
有煙霧濛濛的火山，
有湍急的清泉河流，
有古樸原始的森林，
還有那——一望無際，瀚浩的海洋，
源源不歇的石油，
以及山谷中潺潺的流水……。
正如佛祖所說：那真是……
天堂的感覺——

『心中純靜，開朗透徹，一片毫光燦爛，不見愁雲，但見仙花遍地，珍禽異鳥飛翔……。』

就是如此！
瞧！印度尼西亞不正是滿目青山白雲？
毫光瑞氣充塞眼前！
正所謂：人間有天堂，天堂在人間！
而外子兩年來的最愛——井里汶。
離雅加達駕車四小時，
井里汶是顆內斂的珍珠，
風景如畫——

山野一片青翠，巒巒青山，鬱鬱翠林，奇峰迭起，湖泊溪流處處，天然景觀一望無垠。煞是景至萬千，實令人美不勝收。

相傳當年——

三百多年前印尼王國受中國明朝皇帝賜婚——公主王珍下嫁此地蘇丹王，後育有三子。

當時中國來的公主王珍既是定居井里汶。（聽說當年明朝皇帝特賜十艘戰船，攜帶金銀珠寶、古董字畫，並由大批隨從浩浩盪盪護送公主王珍登陸井里汶。）

至今明朝公主王珍一直被華裔及印尼人奉為女神。

而文化古城井里汶亦被奉為回教聖地，彷如世外桃源，不容污染。故伊斯蘭教的信徒不敢輕易在這一塊聖地上滋事搗亂。

「五、一四」暴亂排華時，受當地駐軍保護的井里汶可算平安脱險！慶幸逃過一場嚴重災劫……

華族同樣難逃恐怖的姦、砸、燒、毀之命運。可！附近的村鎮浩劫後都十分悽慘……。

話説回來這一切一切的不幸災劫，到底是何因果？

印尼華族的因果

印度尼西亞共計一萬三千多座島嶼，三百多個不同民族，全國總人口達兩億之多，其乃排行世界第四大國。

而我華族在此乃屬少數民族，雖只佔全國百分之三人口（實際已達百分之五），但超過六百萬人——

問題出在這3%的華裔，卻無形中被認為掌控了印尼全國財富百分之七十的經濟命脈？

由此可見——

整場悲劇事出有因，

印尼人民的仇恨在於赤貧……

在於無法溫飽，

在於民不聊生。

而華族被誤解為——

「國家財富的掠奪者」！

事實上六百萬華族中，僅有百分之一的印尼華裔成為巨富，絕大部份華族和印尼公民一般處於中下收入水平。

而今天也恰恰是這些中下階層……生活水準普通，較勤勞工作的華族成為排華暴亂中的犧牲品。

但唯一不能不承認的，就是巨富中確實有不肖華族為了私利貪贓枉法，官商勾結，配合高階串通違紀，以及利用裙帶關係來獲取厚利，以謀求雙方至富之道。

而暴徒不就是以此為借口，可！茅頭卻是指向整體華族……進行種族報復？

事實上眾所周知，頭號的禍首……應該是某些掌權者一直以來肆意搜括民脂民膏，建立了龐大的家族，壟斷經濟集團，迫使國家債台高築，人民生活因此陷於困境……。

然！肇事者卻陰謀煽動種族歧視，挑撥離間，企圖引導全國民意，認定華族集團「吃掉」國家資金而借機洩恨華人、華裔。

迫使六百萬華族成為替罪羔羊？

這是多麼慘痛的代價？

但卻是殘酷的事實！

印。

在印尼悠久的歷史上，我華族祖先披荊斬棘、點點滴滴都留下了刻苦耐勞的腳

讓人心寒心酸的是——

今天慘遭浩劫的華裔不是新客，不是新移民，他們大都是土生土長，從小受教育生長在印尼的合法公民哪！

這些數以百萬計的印尼華族，他們絕大部份個個善良、保守，工作勤奮而且愛國守法。

可恨一場殘酷的種族仇恨、排華暴動，卻讓印尼華族淪落地獄，受盡蹂躪。

血的教訓

面對華裔的浩劫，印尼司機布迪說：

『長久以來華人頤指氣使，所以暴動中受害時，印尼人都抱著幸災樂禍或漠不關心的態度是可以理解的……』

印尼原住民批評華裔社會：

『保有獨特的傳統，具有強烈自我封閉性，和印尼人的融合並不積極……』我想……這確實也是慘遭敵視之主因。

最值得注意的是印尼西爪哇伊聯KPI主席慕・阿敏先生，在一次濟貧會上發表的談話，他呼籲華族人士：

『應過簡樸的生活，入鄉隨俗，不要鋪張浪費、大吃大喝，不可穿金帶銀，炫

耀財富，以免引起妒嫉，產生誤會。』

反省檢討！

痛定思痛！

盼望印尼「五、一四」暴動排華事件斑斑的血史——

這歷史的教訓能成為世界各地華人、華裔不滅的醒鐘！

常言道：『福禍無門，唯人自招……』

我想……除了『莊敬自強』『團結一心』努力融入原住民政治及社會環境，爭取更廣更擴的生活空間與生存權力……除了我華族自立自強團結努力……，我想任何人、任何事都無法完全改變全世界華人華裔浪跡天涯受盡種族歧視一件件不公平的命運！

我以為自己的因緣果報該由自己來主控、主宰。

至於天堂、地獄？

正所謂——

有形人間——無憂者天堂，受苦者地獄！

無形世界——受苦者地獄，無憂者天堂！

故天堂？地獄？諸君自行……。

且讓「失火天堂」一文為全世界辛苦耕耘的華族留下歷史慘痛的見證……。

原載菲律濱聯合日報一九九九年六月二十二日耕園文藝社。

俠骨柔情

他依然平凡的活在當下……不死……

風雨中的柔情

即使面對新時代的飛越，
即使現實生活冷眼無情，
即使我們無法適應新新人類對男歡女愛的詮釋……
即使我們自己也重重背負了感情的包袱與重擔……
……即使連自己……自己的心都緊跟著時代的脈搏，日復一日變得更冷更硬……

可！依然的……我們能為一份溫馨聖潔的愛戀含淚……
為癡情感人的親愛動容……只因為真情難求……真愛稀有……
面對一份「風雨中的柔情」任誰都無法不軟化、動容……更何況柔情的是我們的朋友……

她……只是一個平凡的小女人，只是一個平凡的小妻子，一個平凡，令人擔憂，柔弱的女性……卻讓自己在悲慟中走出另一片天空，在狂風中抖擻著復甦，讓自己也開出花朵……燒燃起熊熊的火燄……幻化成堅忍的果敢……

她讓自己從雲端回歸平凡，實實在在的面對生活，走出成長，走向成熟……也許……也許這只是一個平凡的故事，也許故事本身早已過時……是太平凡……可！足足讓我……讓我瘋狂的昂頭在風中、雨中急促的尋訪……尋覓那俠骨柔腸，不死的『平凡』蹤影……在詩裡文中發掘……發掘那不死的『仙風傲骨』……苦苦的為那……原來還在……還存活人間的『平凡』……悽愴的日夜追尋，醞釀我胸臆中的激情澎湃……

只為真心走進平凡的世界……感受那笑傲江湖，風流倜儻的豪情……真心邁入空谷幽蘭淒美的境界，享受字裡行間，那專屬文友，心靈神往的暢快……同時也讓自己真正結識這一對平凡的苦命鴛鴦……

是的！真正的接觸風雨中的柔情……是幽蘭姐那亮眼、可愛如哈巴狗般讓人情有獨鍾、愛戀的嶄新小車……記得不久的當日，我像個快樂的小女孩，文藝講座聚會中，有緣讓幽蘭姐好心的順路撿起，丟入她那輛哈巴車座中，柔情善意的堅持護送……當下的我很高興，但不安份……像個長不大的孩童，歡悅的瞪著雙眸，在車座前後好奇、有趣的旋轉、扭動……四下摸索，愛憐的撫摸著這輛如玩具車般的哈巴狗……一心只想納懷偷抱回家……

結果幽蘭姐悲傷的哭了……

是我……都是我惹的禍……

都怪生性豪爽、開朗、坦率的我……一路像隻喜雀般嘰喳不休……無意中或許是似曾相識的孩子氣，相同的熱烈、熱情……不小心牽動、牽引出幽蘭姐一段悲愴的【平凡往事】……

而後痛苦的記憶迅速飛竄在她深沉的雙眸裡，

眼中瞬時孕育著晶瑩的淚珠……

讓我整顆心緊跟著淒楚起來……

於是『平凡的故事』與咖啡加上一餐清靈的齋麵……

它迅速建立起兩個小女人平凡的友誼，

雖然只是淺淺的交往……

卻由心靈的交織中幻化出深深的知己……

於是共有了那相見恨晚，相知太遲的遺憾……

決定讓溫馨，共敘彼此心中盪漾的柔情……

就這樣……我真切又恍惚的跨入了幽蘭的內心世界……

更晃進了那離世五載，卻不死……

依然讓人憂心含淚的平凡老哥，他那不平凡的俠骨柔情……夢一般瀟洒的豪邁中……

『君為女蘿草，妾作兔絲花。百丈托遠松，纏綿成一家。』

是的！年輕時的幽蘭姐是兔絲花！我以為她就像兔絲花般，千糾百結的只願長伴君側，依附著如大樹般壯碩的平凡，只願相隨相伴……生生世世……攀附依存……

讓人柔心的是那份愛戀……那情愛動人處，它就在纏綿悱惻的依附中……

幽蘭以她特有的古典纖雅、輕淡溫順的柔情，與平凡邂逅於陽光亮麗的青春年少……

相吸、相知、相戀、相依、以致共守誓言……養兒育女……這一晃三十六載，一路行來……

她一直是個柔柔、順順的小女人……

忠心的守候、等待，包容著平凡的好、平凡的忙、平凡的缺……

那忠肝義膽的大俠，那屬於大眾，屬於朋友的大哥大……那實在是不平凡的平凡……

而氣質嫻雅、五官秀氣、纖巧玲瓏的幽蘭……

她這一生，這一路心甘情願的跟隨……跟著平凡……走進文藝、逛進詩畫、高歌漫舞、跨入稻香村……踏遍王彬街……接納了所有屬於平凡世界中的不平凡……安靜賢淑的幽蘭在人群中雖不多言……卻也得到了不少知心與讚許……

而她！是那麼肯定的昂望著她的天，她的大樹……雙眸一直一直深情的追隨著屬於她的平凡……屬於她的陽光……讓滿足、信賴深深的……深深的寫滿雙眸……讓幸福的微笑一直一直孕化在她的嘴角、唇邊。一切的一切只因心中有愛……

在那兩情相悅、相守的日子裡，本來就是年輕、浪漫、美麗……原本就屬燃燒、飛揚、璀燦的歲月……。

那是一份屬於陽光亮麗的愛戀……可！不禁讓人懷疑……這兩個完全不同屬性的個體……到底……到底如何在現實生活……那柴、米、油、鹽的混亂中相融？相化？又到底是怎樣精幹的女人才能真情鎖住……鎖住一顆平凡、浪子的心？

是幽蘭……是空谷幽靜中的一朵清蘭……一個柔順細膩，充滿女性韻味的她……那不具新時代女子衝鋒陷陣的本事，沒有當下新女性的幹練精明……

她連哈巴狗小車都無法……無法一下子四平八穩的停妥……

她連東南西北街道都認識不清……

也許還跟我一樣迷糊，缺乏方向感……可！她卻能安撫自己的英雄，使那心中的太陽情願為她閃耀，為她普照大地……

她卻能讓忠肝義膽、武藝超群的一代俠士，心甘情願的回家……不再流浪尋覓……癡情的願執子之手……許下信守婚約的誓言……

開出淒美的花朵

陽光！是的！一切只因那耀眼的陽光……就是那陽光閃耀著大地……那種不平

凡、豪情四射的俠骨風采……就是平凡……

而他？又是一位怎樣的俠士？竟是如此的讓人愛恨年年？癡情難忘？竟有如此巨大的力量讓無依的小女人，如此不一樣的勇敢走出孤苦的生命？開出朵朵燦爛的花？

當外柔內剛的幽蘭姐，決定藏起心中大股的悲涼，

當她思想起沉重的擔子……

及因喪親……悲慟中失去方向……那急須輔佐安慰的孩子……「覺安」、「覺世」、「覺心」……

是母性的宏偉……讓她瞬間找到了存活的勇氣，與生活的目地……

於是了悟後的她心情豁然開朗，

當下毅然決定……讓陰霾的哀傷和大股的悲情，全部遁形……

於是當哀愁的溫度，隨著時間一點一滴冷卻時……

她讓自己投入商場、投入生活……投入文藝……

找出屬於自己的方向，她讓自己不再悲傷，走出兔絲花的陰影……走出夜裡的陽光……奔向黎明燦爛的朝陽……

必竟一個人要得到別人的掌聲，必須自己先站得起來。

必竟活著是美好的，生命是豐盈的。

有更多的路必須靠她承擔……

於是在不斷的成長中，她那柔弱的性格裡，竟然一點一滴的揉進了平凡的勇，平凡的堅，平凡的熱……

當她再次勇敢的跨進辛墾、走進文藝、跨入人群裡……

勇敢的踏遍王彬街，開著她那哈巴狗小車瞬間衝入風中、雨中……

臉上盪漾的是不一樣的堅忍，不一樣的心情。

於是五年來……

她帶大、帶高、帶熟了兒女，

造就了醫生、商人、學者……

她牽著那感動、淚流滿面的大女兒出嫁……

一九九八年堅強的出版了慘白、沉重的書……【平凡的詩】

今日！就是今天，陽光普照的今日……

她依然柔情的昂望著每一顆路經的大樹……

依然每天渴望伴著陽光……

而今日！就是今天，她豪氣的再次獨立出版……【平凡文集】

今日的幽蘭不須要掌聲，不須要同情憐恤……

只求讓平凡再次活在風中雨裡……

只要平凡活在陽光中，活在你我不滅的心靈……

是的！那是她在狂風暴雨中……抖擻復甦所帶來的喜悅，

是她給自己悲涼、蒼白的日子一些色彩，

讓我們給予她真心溫柔的擁抱，真情的祝福……

讓我們對巨人真心的喝采……

平凡的生死

如果說生命的價值是在它的寬度而不在它的長度……

那麼老哥平凡真是活得痛痛快快、任性精采……其一生實在是了無遺憾……

他……活著時，活得瀟洒、開朗，死時帥氣、非凡……要談他的生……不妨先知他的死……

一個染上癌病絕症……一心向病魔宣戰，挑戰命運的平凡……也許最終他是全盤皆輸，命喪黃泉……但我以為他實在死得夠帥，夠瀟洒……他其實不輸給命運反而戰勝虛無……戰勝無常……。

您瞧！他所言：『我認為生命本來就是一場治不好的病。這條路，早走沒什麼值得悲哀，遲走也沒有什麼值得欣慰。而樂觀地，我認為生命是一場很長很長的夢，誰先醒，誰就比較快樂……。』

雖然我不知平凡老哥是否真的夢醒今生？或快樂安去？但我確知他勇於奔向虛無……面對無常……。

是的！而何謂夢？就如平凡自己所言：『夢就是事實，沒有事實就不會有夢。』

而我以為所謂的事實，就是活在世上的歲月能過得有價值，活得快樂，走時走得心安理得，最重要！最瀟洒！也最了無牽掛……。

平凡老哥做到了……他連自己的死都坦然面對，都平靜不慌的一一給予妥善安排……當其知大限將至時，依然能輕鬆自在的，與幽蘭兩人臥室深鎖，謝絕一切凡俗……浪漫的享受二人世界的最後餐宴……

雖也浪漫！雖也悲悽……

可！充份顯露他那種來去之間，勇者無懼的英雄氣魄，令人由衷敬佩……。

在其即將離世最後的幾個星期中……平凡老哥用他不凡的智慧……是那麼冷靜、平常自在的伴隨至愛，悠然回憶今生往事，計劃來世，探討將來，談論心願，暢談兒女……

其實最終……他最牽掛，最最憂心，放不下的，是柔情軟弱的愛妻……他真情、真性的慰藉著幽蘭，聲聲叮囑，寄語珍重……。

平凡那種紅塵俠客，萬念均釋的豁達，實無人可及。

一個如是的智者，您能說他也平凡？

一個生時活得率性、瀟洒自在又感性的平凡……真可說是個性開朗、坦率。而對待朋友他無私，具有兩肋插刀，為情為義在所不惜的大俠風範……。

平凡以他純真的童心，清高的情懷，英雄式的風貌，認真的活在當下，活得大氣磅礴，活得幽雅清新……像一條澄澈的清泉，涓涓長流，永不乾涸，永不污濁，像日月光華，永照人心。

我想平凡身上最吸引人的，該是他眉宇間的那股堅毅與忠貞，也就是屬於他的忠肝義膽。這幾乎是每一個文友知己對他一致的稱頌。

而他一直讓我不由想起的……是關聖所言的：『丹心昭日月，義氣貫乾坤』。一個精神抖擻、妙語如珠、心地光明……沒有韁繩，卻能在其一生謹守著「凡事有所為，有所不為」一匹何等任性、瀟洒的野馬……

笑傲江湖

話說平凡老哥的為人、為文、立論到底功力如何？如何讓一群死黨、活黨為他著迷？心服？但看他的言論即可分明……

【……文學作品的方向就是創作，立論要有創見，行文要有新意，寫詩更必須要有突破，意象一定要新……】

【……華僑是一群候鳥，每當氣候寒冷了，環境有危險了，今天飛往澳洲，明天移民美國，不停的追尋氣候、溫度、安全的國度……】

可愛的平凡老大，除了把華僑比為「候鳥」，更妙的是他把華僑比做兩棲的「青蛙」。他說【水中的生物認為「青蛙」是屬於陸地，陸地的生物認為「青蛙」是屬於水的族類，「青蛙」要經過幾代的生物進化過程，才能夠不再是兩棲？華僑要經過幾代的同化過程，才能把根深入自己站立的土地？】

我們可愛的平凡還認為：『在創作的過程中，現代詩人難免有錯，自有不少的敗筆，不少篇的劣作，但是只要堅持信念，不停嘗試，那怕是費了一生，只要創造出能被流傳的一行，終於會有那一天，那一天不管多遠，我們也一定要寫出一本『現代詩三百首』來。

瞧！一個多有個性，有原則，有見解，一個確實為現代詩首開先河，安身立命的一代教父……。

他！為文筆墨中寫出自己戒煙七八十次……自喻為悲壯的個人戒煙近代史……文中風趣幽默……逗笑好玩……活靈活現，令人捧腹。好一個自然、平實、平常有趣的平凡。

一個有時貪玩！貪杯！貪煙！有時幽默！豪邁！有情有義的平凡，怪不得他獲得了文藝界不少的掌聲……也讓人最憂心難忘……而他也一直一直的活在當下，不死……。

把陽光留住

如此一個心中充滿真、善、美的，「文藝界領導者」，一個堂堂正正、恂恂君子風範的將才，相信在一群老友心中……他必永生。

是他讓愛成就了信心，是他讓愛與信心並肩而行，走出了文學的一片天地。是他以俠士的果敢，單槍匹馬的創下辛墾文藝的先鋒，是他曾經呼風喚雨的團結文友，攜手合作創下輝煌的歷史佳話。

是他讓今天真實的成為明天最好的回憶……。

一個在順境中知道感恩，逆境中依舊心存喜樂，認真地活在當下的平凡……如此一位講信守義的好漢！

一位活靈活現，曾經在文壇上呼風化雨，撒豆成兵的一代勇將……相信必然老兵不死……。

好友們！讓我們一起留住陽光……

一起揮灑出文藝界另一片彩虹，另一個豔陽天……

讓我們一起為今日『平凡文集』「重出江湖」大聲賀采！祝福！

為平凡老友的「再生風采」舉杯歡慶……。

讓我們同聲為無法言語的老友唱出……

屬於他的歌……【小丑】、【MY WAY】、【夢寐以求】、【海鷗】【中華民國頌】……

我們也將【三年】送給辛苦的幽蘭……

文藝界的好友們！

讓我們共同舉杯為一代「豪傑俠士」獻上最真摯的敬意。

讓我們同聲歌頌一代【俠骨柔情】的不死風采……

原載二〇〇一年九月十五日菲華聯合日報辛墾文藝社《紀念一代文壇俠士，詩人平凡〈施清澤〉逝世五週年紀念暨『平凡文集』發行特刊。

獲選收錄二〇〇二年辛懇文選叢書。

哭你……魂飄

為菲律濱元極學研究會會長郭建輝先生，四月二十二日上午六時五十分急逝於崇基醫院追悼

你死了？真的去世了！就這樣了結了一生？丟下一切親友凡俗？
你走了？真的走了！真狠得下心離去？又為何不忍親友？頻頻顯化回頭？
你讓我哭……哭乾了淚！
你讓我悲……悲斷了腸！
年紀才五十八呀！你還有中風癡呆的老母責任未了呀！你還有兒女成群呀！為何急著走？是人生無趣？無常？還是人情淡薄？妒傷？
郭建輝！建輝兄！阿兄呀！
你好走！漫漫魂歸的黃泉路上……你千萬保重！
不知你要走？不知你走得如此快？不知你如此的一去不回頭？……要不然說啥，我也一定要留下來送你一程……

淒風苦雨的路上……建輝兄呀！你慢行……

魂飄孤寒，清冷的道上，阿兄呀！你好走……

去看你！在醫院！你瘦！你黃！你笑！

去看你！在家中！你痛！你枯！你歡！

不是相約等我們回國時共聚一杯咖啡？

不是說好一起宏揚元極？設壇佈道？

出國前夕……

我不是才滿懷熱忱……小心捧去外子專程快遞稍來的『肝病特效藥』？

出國前夕……

我不是才求過諸天神明？求過佛祖菩薩？也懇求過上帝耶蘇？……祈禱讓你擁有一線生機？

為何一切還是枉然？還是來不及？來不及救你？

在醫院……面對整個變黃的你……我心哭泣！

在醫院……看著整個枯乾的你……我含悲唏噓！

沒關係！沒關係！只要病能好！只要躲得過災劫！

無妨！無妨！郭建輝！建輝兄！阿兄啊！真的無妨！我們就是瘦點，就是黃點，就是枯點，都沒關係！

可！為何？要讓我在出國前夕，遠走中國之際……王彬街上一路狂奔，為你哭泣？……

一定是你！是你冥冥中通知我『你死了！』！是你怕我錯過？是你設法讓我知曉？是你讓我分心……燙衣時在手上留下了長長的「傷痛印記」？

哭你！哭你！痛哭你的消失！哭你！哭你！哭你突然的急逝呀！建輝兄！

想起你與我們一家子的友誼……

想起你與外子相親相契的兄弟情……

想起我與你同宗同祖，你的一片相惜……

思想起……你對我一路的鼓勵、器重、珍惜。

思想起……你無私的豪氣、寬容、佈施。

思想起……你一再告戒我「常養大肚能容的寬厚」，安慰我「多體諒小腸小肚的妒嫉」

建輝兄呀！阿兄呀！含淚的我此刻星空遙拜！含淚的我合十默禱……盼你魂歸路上……好走……

建輝兄呀！你死了！聽說你走了！

聽說你吩咐不讓好友知悉你將歸去？是怕徒惹傷心？難過？

可！我痛心呀！阿兄！我們同宗、同祖呀！你忍心不讓我送你一程？你忍心孤獨他去？我哭呀！我痛哭呀！建輝兄！

思想起……你的一切！心痛呀！你為黨，為家，為元極，為兄弟，為親人，為好友……無私的奉獻……

一個平凡的你！我卻像偉人般敬拜、懷念你！只因為你的大肚、無私與寬厚。

才知道！你細細讀過修如每一篇報上登載的文章……

才明白！你暗暗以修如點滴的努力為榮耀……

才知悉！人前人後你一再誇獎炫耀著修如的好……

於是……於是……

她！你那肝腸寸斷的妻子，見我尋著你的魂魄而來，她抱著我痛哭！

你的妻！望見歸國的我，看見一再遠行的我，悲淒的出現，……那一路尋著魂魄，哭進門的我……她情何以堪呀？

只能歉疚的抱著我痛哭！哭她交不出死去的你……哭她守不住魂飛魄散的你……

她緊緊的抱著我……是哭斷了肝腸。

我激動的……怨恨天地的搖晃著她，用力的搖動著她的肩，我哭！我喊！我叫著！用盡力氣大聲瘋狂的哭叫著……

任性的追問著她，不斷不停的問：

「為何他死啦？不是一直好好的？我出國前才看過他的，不是嗎？不是嗎？」

「不……不只是肝病？不只是檢查？不是開過兩次刀？」

「醫生不是說會好？沒事？為何他還是死啦？才五十幾歲呀！他還有很多事沒做，怎可死？怎可死？」

你呀！你！郭建輝！阿兄！你的妻是那麼悽愴的昂天悲鳴……她哭，哭那滿屋子的遺物！她悲，悲那滿屋子的『元極』！

她心碎的以淚洗臉呀！……她告訴我：我們一直等著妳的藥！他不想死呀！他真的不想死呀！無奈呀！天不從人願！對不起呀！對不起！

……

……

郭建輝！建輝兄！阿兄呀！你慢走……

帶著我們每一個親友的祝福……望你好走！

但願！但願你的魂！你的魄！依然依然環繞四周的同時……回來看我！你的朋友！你的同宗！

哭你呀！郭建輝！建輝兄！阿兄！你好走！

……

……

原載二〇〇一年七月十三日 菲律濱聯合日報 辛墾文藝社。

心手相連……

向國旗致敬……

當……在這一片土地上我們華族、華人血淚拼鬥的存活了五百年……

當……我們的祖先離鄉背井！灑血流汗！與菲律濱人同甘共苦的走過歲月……歷過了層層的浩劫、戰亂、災難……

當……我們心甘情願懸掛起心頭的「鄉愁」……

……不就是與菲律濱……與這七千多個島嶼立下了永不離棄的誓言？

當……我們生兒育女、也曾埋葬、焚化親人於斯地時，不就早已宣告永遠懷抱、親吻並捍衛這一大片土地？

歷史的見證

是的！我們華族的祖先，我們的父兄不也曾在一八九八年六月十二日一同見證過歷史？……為菲律濱政府的獨立宣言同聲歡呼過？他們不也一起同步，從西班牙的殖民統治下走向獨立？走出共和國？……

是的！我們華族的祖先見證過一萬六千英勇的菲國先烈，當他們戰死沙場時

……我們不也曾並肩一路相隨？……一起走過傷痛？為那二十萬無辜慘死於屠殺、死於戰亂的孤魂野鬼，我們不也同聲哀號悲泣過？

是的！我們華族的祖先在反抗西班牙革命，在列強貪婪侵襲，妄想統治瓜分菲律濱的同時……與菲國兄弟們早已心手相連……他們不就是同心協力！一同灑血！一起斷頭的走過悽愴？走出歷史的見證？

同心協力

史冊記載……菲故前總統馬加巴牙《乃現任總統馬加巴牙，亞羅育總統的先父》這位菲律濱共和國第五任總統曾說過：『一個國家是在當其人民，經由文化革命程序，及由共同的奮鬥與遭遇所產生之同心協力，所雕塑成一個國家，而向舉世宣佈，享有其天生自由權，及準備以鮮血、生命與榮譽來給予維護，始為一個自由的國家。』

不錯！我們的祖先在過去，在恆久的最初就是真誠真心的效忠著菲律濱……而當他們在此椰風蕉雨的家國……辛苦的灑下了血汗與種苗，以至生根發芽於斯地的同時……曾幾何時這片歷經磨難，慘遭浩劫的土地對我們華族已不再是他鄉異域……它早已成為……成為另一份不能割捨的「鄉愁」……。

於是在我們心中這股澎湃的熱情，它所醞釀而成的……何只是愛戀？情愁？五百年來那命運的交纏，代代的哺育成長，其實我們早已同根同舟，而它？菲律濱共和國！也早已成為我們無法，也不願割捨的依靠。長久以來我們依賴著它存活，就像依偎在【南國母親】的懷抱中……

是的！我們願以鮮血、生命、榮譽一起效忠菲律濱，維護共和國的成長！只因為我們同屬國家的命脈。

但！同時也絕忘不了……我們來自同樣的血！一樣的根……同屬【龍的傳人】！

走過悲愴

可！我菲華五百年來……離鄉背景的悽情！生存異域的心酸！思國念鄉的情懷……成長的悲悽……這一路坎坷辛苦的耕耘！漫漫長路中你我同行……其實一直……直到今天……我們每一個浪子心中都有一樣的心情，相同的共識……

「這一百萬的華人？百分之二的少數民族？到底能如何健康、完善的存活於菲島？如何讓菲人真心的認同並樂意接受我們？」

我們真能長此縮頭縮尾的逃避？藏起這張永遠不變……「黃色的臉」？

一路的怕排華？怕綁架？怕搶劫？怕槍殺？

真只能一路的自憐？哀悼？只能躲藏？

NO！不能躲！也躲不掉，逃不了！

NO！一定要努力！要自衛！要真正讓菲律濱共和國成為我們自己的家園……

那麼！到底該如何有效的自我成長？捍衛我們華族的生命財產安全？如何保障我們的下一代平安？

是的！我想只有更積極並有效的主動投入主流社會？讓我們真心的熱愛菲律濱共和國！真誠的擁抱與我們朝夕相處的同胞！盡心的奉獻自己，同心協力建設國家社會！尋求最佳的庇護，安全的保障！

朋友們！讓我們也同時都能敞開自己的胸襟，放棄私人的恩怨情仇，攜手合作，共同為僑社的將來與遠景做出更大的努力與貢獻。也讓我們這一代、下一代，代代都能平安健康又快樂的成長！

是的！就由我們自己開始！而最佳的方法，只有一條路！那就是「莊敬自強！」「愛國更愛家！」

辛苦的耕耘

哪！您瞧！當您真實的看到這一天〈二〇〇一年六月十一日〉菲律濱共和國第十四屆總統娥惹・馬加巴牙・亞羅育夫人應菲華工商總會主催之邀請，親善的蒞臨華人區聖公會中學，和藹可親的主持升旗典禮，您一定和我一般震撼！

亞羅育總統是那麼雍容華貴、笑容溫馨的一再肯定華人對菲律濱的功勞與貢獻！並以清晰、親切的語調在其前後兩次講演中以華語道：

「我愛我的華人同胞！」

「各位早安！大家好！」向歡呼她的華人招呼問好……

如您親眼見到馬尼拉整條馬桑凱街、整個聖公會中學、整個大操場上上下下站滿了五百名我華族各界、各社團領袖、名人，以及數千個華校師生……他們一時一刻突然的由四面八方自動雲集，參與盛會……此情此景真會令您深深的撼動！

還有那觸目驚心、長長等待的紅地壇……它是那麼熱情的由門外鋪陳到內部走廊……

那滿校搖旗的吶喊！滿天空的旗桿飄揚！憾動人心的旗海、人潮……

那主催此次活動，勞苦功高的菲華工商總會全體人員……

還有那長長的來賓簽名冊，人人盛裝，共襄盛舉的熱血熱情……

以及那同心協力，熱烈響應「愛國」活動及懸掛滿天滿地國旗的華人……

最最感動人心的……是我們所熱切等待的總統……其實當下秀氣的她，正是一位「創造歷史的巨人」！是有史以來……短期內兩次走訪華人區，願意與華人親和，虛心接受建議，為華人敞開入籍大門，一位值得尊敬、仁愛、慈善的好總統！在此我們為巨人真心喝采！

最重要的是此次善舉，工商總會大力促使華社，包括華校創下了我華族空前的大團結……

還有今日我們溫馨的感受到亞羅育總統對華人的親善與重視。同時也彰顯在菲華工商總會理事長吳輝漢先生的帶領及其所有成員的努力下，多日來他們所付出的一切心血是值得的！是受肯定！值得喝采的！

此次工商總會成功的主催華社，慶祝一〇三週年國慶之一「向國旗致敬」升旗典禮活動，是成功的！是受各界讚賞、肯定的！同時也適時有效的鼓勵、並促動華

社的向心力。在此我們給予工商總會熱烈的賀采與掌聲。謝謝他們一路辛苦的耕耘！

同時也對商總、宗聯、中華商會、各僑社團體……各社團領導一系列的為國！為家！為僑社！所做出的所有努力與貢獻深表敬意！

心手相連

親愛的朋友！但願我們都能好好珍惜今日的幸福與機遇！同心協力、心手相連的走出悲愴的過去，並能攜手更積極的努力向前邁進！

盼！我們心連心！手牽手！不分兩岸！三地！或四方！讓我們一起見證歷史，開拓未來！相信屬於我們華族的將來一定會更燦爛！我們的明天會更好！

原載二〇〇一年六月十四日菲華聯合日報 社刊

同體大悲

「九二一大地震」心中的驚嚇、震撼……

落地為兄弟！
何必骨肉親！
台灣！我的祖國！

死了！
都死了！二千二百九十五人吶！
慘死！
真的很慘！
毀容截肢！
裂腸破肚！天吶！
血淋淋……
整個台灣最慘重的中南部滿目蒼夷，真是哀鴻遍野，充滿血腥……

血花飛濺在那幾無全屍，發臭、噁心、壓扁、壓碎、面目全非的屍體上……。
他們模糊的臉龐，
個個灰敗無容吶！
怨啊！冤啊！
那孤苦徘徊、四處飄盪的魂魄，將如何的哀號啼哭？哭他那碎扁的頭顱、斬斷的四肢！
他們尋不到家人——
他們失去親人——
認不清自己的身體——
找不到回家的路——
甚至無顏面對自己敗壞、發臭、殘缺的屍體……
將如何的同聲哀嚎？悽厲悲鳴？
那面部扭曲歪斜、僅剩兩只雙眸的死屍——依然圓瞪著那詭異、令人顫慄生寒的雙眼——是那麼充滿恐怖、怨恨、絕望、不甘……
那親人的眼淚，
父母的悲愴，
兒女的嚎啕，
友人的哭叫，

都已喚不回冰冷、死灰、發臭、那令人不忍目睹的一具具屍首。

天吶！

生死它在一線間，

陰陽它僅一線隔。

在一片斷垣殘墟中，

在馬路邊，

街道旁，

廣場上，

到處是災民，那密密麻麻的帳蓬，急救站、烹飪站，還有臨時搭起一大片、一大片白布飄揚、屍臭伴著香火瀰漫的那充滿悲慟、哀傷的靈堂。

幾百位，幾百位的罹難者……

一排排

一行行

是那麼乖乖的停靈此間，安靜的等待著他的親人前來認領、相見。

災難倖存者，雙手合十，焚香禱告，個個扶屍哀嚎，跪地磕頭哭拜。

他們不論男女老少，是那麼面容淒涼哀慟，痛不欲生。

大街小巷，

一縷縷清香，

一聲聲梵文頌禱。

法師、道士、和尚、尼姑全體出動，含淚默禱、做法，企圖引渡死者往生極樂

……

神父、牧師、修女共同哀音淒語，不分宗教派系、五教合一，攜手告慰亡魂

……

焚燒的冥紙，淒風苦雨中飛揚，

火燄陰紅慘綠的漫天燃燒……

陰陽路上千人同行，令人心酸心碎……。

慘重的災情，令寶島台灣瞬間彷如人間煉獄。

悲慘哪！

死了！真的……

都死了！

二千二百九十五人吶！

他們都是我的親人——

是我的父母、兄弟——

我們都是一家人——

我哭啊！

日日夜夜——

您可知慘痛的悲劇傳來……如何……如何的折磨著我？一個遠離家園的浪子？
那份骨肉相連的心碎，痛心疾首的悲愴——
天吶！
那種身心撕裂、絞心、絞肺的痛楚……
那剪不斷的鄉愁，它濃濃烈烈的焚燒著我的肝腸……
我哭台灣，——
哭兄弟——
哭我那數千數萬個失蹤、受傷、心靈重創的同胞——
日日祈禱，
夜夜哽咽，
思想起美麗的山河，可愛的家園，
而今一片混沌、紊亂、淒慘……
處處瀰漫著死亡、血腥……
那顆心啊！就像是被搖得碎碎的……
成串成串的淚雨，它滂沱氾濫……
那天災啊！
它怎堪如此摧殘、蹂躪我的國，我的家？

世紀末大慘案

一九九九年九月二十一日凌晨一時四十七分，中華民國台灣發生了世紀末最慘重的地殼災變。

震央在台灣中部南投縣集集鎮，日月潭附近，震級是芮氏七點三級。元兇……那招災惹禍者，乃「車籠埔」斷層與「大茅埔」雙冬斷層兩條大地牛，他們沉寂了百年，一直以來相安無事，而今竟然不甘寂寞，驚天動地的來個醒牛大翻身，大鑾動……

因而引發慘重的九二一「集集大地震」！

一夕間天搖地動，造成全台灣山崩地裂，尤其中部道路高龍斷裂，屋毀人亡，大廈倒塌，斷層所經之處，幾乎無堅不摧，無處不毀災情十分慘重。可謂樓塌屋倒，路斷谷絕，橋樑斷裂，處處險象環生……。

據悉台中縣霧峰偏遠的山區，整棟十二層高的「凱傑商業大樓」地震當日轟隆一聲，就這麼臥倒在大馬路上……頓時眾多人慘遭活埋，腦漿血花四溢，卻因天遙路遠，交通電訊中斷，無人搭救……無奈的任罹難者步向死亡，幸存者聲嘶力竭的瘋狂哭喊，以自己的雙手猛挖、猛扒……無奈終鬥不過死神的摧殘，鬥不過時間的蹂躪……一陣陣屍臭大股溢出，天啊！那黑暗何其恐怖？等死的心何其悲愴？據悉至今仍無法正確統計，到底該棟大樓遭活埋活葬者共計多少？

災區現場真是陳屍遍野，慘不忍睹，哀慟求救，佛號梵音，呼天搶地之情處處可聞。四周更是瀰漫著濃濃的瓦斯味，混合著屍臭，酒精，消毒液……。全台灣真可謂災情慘重……

斬腰而斷的大廈，
連根拔起的房舍，
被壓碎活埋的百姓，
下陷，消失的山坡道路，比比皆是……。
真是慘！慘！慘！

「九二一大地震」是台灣人揮不去的噩夢，人人驚魂甫定，全國頓時陷入斷水、斷電、一片混沌，淒苦的黑暗中……。

被深埋活葬的人淒喊鬼嚎的求救，哀鳴聲真是聞之鬼神動容……。

震災除了造成人間地獄慘狀，眾多無辜者傷逝，橋墩傾倒，並導致山區邊坡滑落，道路崩塌，建築物損毀。

中部更因大規模的土壤液化，導致地層下陷，加上噴砂、房屋、橋樑嚴重沉陷，水壩、電力亦遭破壞損毀。

更嚴重的是牽動草嶺山脈位移，導致「走山」現象。整個台灣經大地震後，地理中心「移位」，計達二點八公尺。

據報導：南投中寮鄉有百分之九十以上的房屋倒塌，多數民眾被陷於地底動彈不得，估計至少一百二十二人當場斃命。

台中港造成碼頭嚴重龜裂，呈現一處處大窟窿、大陷阱。

而台中縣東勢鎮十四層高的「王朝大廈」也應聲倒塌，造成更巨大無法彌補的遺憾，那數百人集體死亡的恐怖慘劇，真是令人毛骨悚然……。

彰化縣十六層的「富貴名門大廈」倒塌，居民從此不分貧賤富貴，他們同赴黃泉……。

「名泰診所大樓」整個睡倒在育英路上……不少住院病患亦同登極樂……。

還有員林公園的三級古蹟——「興賢書院」整個夷為平地，回歸自然……。

南投竹山連接名間的「名竹大橋」則斷成四截，交通頓成癱瘓，兩鎮居民淚眼遙望，實不知所措……。

「九二一大地震」真是天降橫禍，整個台灣造成偌大的傷亡，災區陷於火海煉獄，處處殘煙灰燼，祝融眷顧，真是空前的大浩劫。

台灣那……辛苦一生，打拼一輩子的善良百姓在毫無前兆，毫無預防下「一夕間」一切化為烏有，生命財產全毀，重創深鉅……。

不正是花好月圓，中秋節的前夕？

多少家庭破碎，骨肉離散？

多少老少傷殘，遺孤無親？

年邁的老人淒涼無依……

白髮送紅顏比比皆是……

望著螢光幕上那一張張失落的臉龐，

那失望、悲慟的表情，

失神、驚恐、無辜的雙眸……

痛啊！

使人痛入心扉！

望著鄉親們那種惘然無助、家毀人亡無奈的神色……。

那是驚嚇後的認命！沉默！哀戚！

真使人淚水一再氾濫絕堤……。

心口的陣陣抽痛，心中的陰霾是那揮不去的家國情結，它糾結我心……。

連日來鬱鬱寡歡的我，心情沉重的守著電視，守候著報紙。連串，數十多通電話的聯絡、追詢、查問……不停的等待奇蹟，期望好運……。

對自己祖國——台灣的災難悲情，遠離異鄉的我，心如刀剜，難止住心中一陣陣悲憤添膺，整個人在「九二一」災變後幾乎是暈昏頭痛、失魂失眠、頭重腳輕頹喪地倒在床頭，或呆坐在地板上，那份心頭的蒼涼，使我悲慟、哽咽、飲泣……。

我哭國人同胞那一張張哀莫大於心死的絕望。

我哭舉國各地因震災罹難之兄弟，那沒血色、腦漿四溢的急逝……殘缺不全的屍體……。

我哭被活埋在黑暗中掙扎、等死，那鬼魁般慘叫求救的哀鳴。

這都是我的家人！

這都是中國人哪！

如何不叫我傷肝動肺的哭泣？

如何不使我牽腸掛肚，心焦如焚，捶胸頓足？

所謂——

落地為兄弟，

何必骨肉親——

第一次，第一次心靈中深深的、重重的牽掛著我那家國同胞，那同種同血的親人……。

更慚愧自己離鄉背井，身在海外，無法和台灣的鄉親父老兄弟們同體大悲，共患難同生死……。

大地傷痕

據台灣行政院初步評估：

因地震死亡人數二千二百九十五人。

失蹤三十八人。

重傷者四千一百三十九人。

房屋全倒二萬零八百一十五户。

半倒者一萬七千九百七十八户。

全台灣五十三個工業區，幾乎全面停工。

農業損失二十二億一千萬元。

「九二一大地震」造成公共設施損失，及緊急慰問金發放合計約一千億新台幣。

加上台灣六十五個軍營，震災中受到嚴重損壞，急須台幣三十億修復。

還有民間的工廠、樓宇、商店都遭無法估計的重創……

「集集大地震」由於斷層逆衝，它的錯動量達到七到八公尺，震動量之大是百年僅見，迴歸週期可能在三、四百年以上。

整個台灣直接、間接受震災損失影響、波及人數，據統計達二十五萬人。無家可歸、有家歸不得的災民餐風宿露。他們暫居軍營、車棚、操場、路邊、寺廟、校舍、教堂、收容所、公園等地。

除了無家可歸，災民最需要的東西，就是帳蓬、衣物、食物、醫藥及飲水……。

可嘆那臨時安生立命的雜居地，衛生極差，居民的排泄物，因一時缺水、缺電而無法完善處理，因此傳染病開始漫延滋生……。

台灣人、台灣心

雖然際遇如此淒慘……

雖然大地震造成一向豐衣足食，富裕數十年的台灣元氣大傷，卻也同時震出台灣人潛藏已久，那同舟共濟的情操。

地震讓台灣本土許多對國家，對社會冷漠已久的人心重燃熱情，此次河山變色，百姓個個發揮了血濃於水的緊密親情。

全國國軍官兵總動員，人人當下不顧個人安危和自家災情，全心全力投入救災，真正發揮了保國衛民的大愛。

醫護人員、學者、專家、教師、各大專院校、師範生、技術員幾乎是全國總動員，分批趕赴災區現場，就各自專業能耐展開救援賑災活動。

是災難，是哀傷，是徹悟使台灣人、台灣心瞬間激成一股義無反顧的「向心力」。

台灣人頓時醒悟那家國的重要。

他們心連心手牽手，同心協力攜手合作，團結救難賑災。

頓時舉國上下同心同德，不論朝野、官兵、百姓彼此安慰，互相抹淚，紛紛拋棄個人私利成見，傾囊捐出所有……。

災變後倖存的台灣人，在哀痛中無暇揮淚感傷，紛紛火速伸出雙手，團結一心急促的趕赴災區，對著廢墟挖！挖！挖！拼死命的挖！拼死命的掘……。

企圖救苦救難。

企圖挽救那眼睜睜看著一個個被落石殘壁活埋、活葬的同胞兄弟。

無論是平民百姓或國軍官兵、民間救難隊以及二十多個國家救難團體，他們日以繼夜的挖，不眠不休的工作……。

只見來來往往的重型機械，與一車車滿載瓦礫的砂石大卡車，告急飛奔，來往於災區，急促並驚心動魄的與時間搏鬥。

一小時，一小時……

一夜，一夜……

一天一天……

每個人、每顆心、每雙眼都凝聚在如何拼命的救出在黑暗中喘息、哀號的同胞親人……。

盼一分一秒能緊緊把握的『七十二小時』那『救命的黃金時間』。全力救出不幸者，但隨著時間的流逝，心中的期待一再翻騰……。

那……

即使……即使挖出來是扁的、碎的、死的、不完全的一塊、兩塊親人的遺體、碎肉都好……。

「九二一大地震」真是促使舉國朝野在這場空前災變中，發揮了高度救災效率，全國各地民眾更是踴躍捐輸，慈善團體益傾力的賑災，那股巨大的熱血、熱情、熱心真不知溫暖了多少鄉親父老……。

台灣的人民第一次強烈的為自己的家國動心、動情，多少人捐出了自己一生的積蓄，充份發揮「人溺己溺」最偉大最美好的一面。

真、善、美感人的故事一件件、一個個迴響、流傳在這大悲大慟的土地上……。

「愛心」和「希望」燃紅了台灣人的雙眸……。

堆積如山的救難、賑災品……它豐富得讓人含淚心酸……。

台灣全國的百姓整整……整整排了四個小時的長龍，捲起衣袖捐出那一直不肯讓它中斷的鮮血……，那是「救命的甘泉」啊……！

一直的，一直的捐到政府、醫院、媒體大聲呼籲……「太多了！謝謝！請回家！」人群啊！他還是不願散去……。

紅通通！一袋袋的血液是那麼觸目驚心……。

那是台灣人手足情深，情濃義重的一刻啊！

為受傷殘廢重創的同胞兄弟，那種心甘情願、自動自發、義無反顧的大舉捐輸……，令人動容欣慰啊！

是血肉相連哪！

誰說台灣人無情？現實？

而今全國上下共此國難，凝聚的是長久以來難得見到的「共生力」一股「生命的共同體」。

台灣人經此震災無形中孕育出強烈的愛國愛家情操，及那對政府更深的依賴、期待……。

「集集大地震」讓台灣人無黨派的打開了心扉，彼此愛護，讓整個社會充滿溫馨和希望，尤其民間團體如救難隊、消防、民防、義消、義工、各慈善團體等都全力投入救難賑災中。

送愛心到台灣

除了國人的心，災難發生後，國際援助包括亞洲、歐洲、美洲近三十個國家及聯合國派遣三十八個救援團體，計七百多名救援人員，紛紛攜帶各種輕重型先進科學儀器和狼犬湧入臺灣救災。

一批批外國救生隊，他不請自來，帶來了專業，也帶來了愛心、溫情……。其中震災發生後，深夜救難的新加坡救源隊是前來台灣的隊伍中最早抵達，最晚離開的隊伍。

他們趕在第一時間，攜來重達十四公噸的各項救難器材，包括高科技精密的「生命探測儀」，全隊人員認真、敬業的精神受我消防救災單位及民間稱頌。

俄羅斯隊是最通人情，訓練有素的救生隊，除了救活人，他們是最最慈悲，肯替臺灣人挖死屍者，入境隨俗的他們善心惻隱的成全了中國人「活要見人，死要見屍」的心願……。

即使，即使捧出、刮下來的是一團碎肉、腦漿，血水四溢後那已乾涸的肉末……。

依然深深的，深深的令台灣人感恩膜拜……。

而那一派藍波架式的美國隊他和俄羅斯相比，就顯得一板一眼及現實無情，他們一貫「救活人、不救死人」的堅持，那「有所為，有所不為」的狠心，真正傷透了多少臺灣心……。看美國藍波們那做事講原則、效率，他們不奢望掌聲，也不接受款待，不浪費精力，不感情用事，知道自己所為何來，何時該離……。

那來時配備、儀器、用具一應俱全，走時揮手瀟灑而去……雖無情亦無淚，但不帶走一片塵灰，不受任何謝禮，氣節之高，實另有一番強國之式，亦值得我們學習與省思——。

「傳心、傳意、九二一大行動」

此外最值得敬佩感動的是全球各地，不分國籍的海外華僑、華裔幾乎是全體總動員，各國各界華人組織募款賑災，將愛心送回台灣，此分情意深深震動了台灣人、台灣心。

其中最令人動容的，是香港一百多位來自兩岸三地的演藝人員，所隆重舉辦的「傳心、傳意九二一」他們有組織有計劃，分工合作透過電視傳播媒體，全球現場救難募捐直播。

螢光幕前他們衣著莊重簡樸，個個是那麼神情凝重，充滿情充滿愛的賣力演出。演藝人員各以國語、廣東話、英文大力的呼喚全球華人，熱烈支持他們的「賑災募款」活動。並以百支籌款專線電話。現場直播接受全球認捐，他們一心為臺灣人籌集的是「救災、救命金」。

現場全體演藝人員總動員，為臺灣人唱「心經」，唱「祝福」，唱「明天會更好」……

他們點燃燭光，點燃愛心……

個個為台灣罹難者佩上哀傷的「黃布條」……

盈眸的淚，揮灑在台上台下千人的雙眸中。

黃黃的絲巾、絲帶……

它漫天飄舞——

飄揚在螢光幕前華人的心靈……

飄盪在全球華人華裔的心坎……

看吶！

黃帶為台灣人飄——

愛心為台灣人送——

此情此景

如何不叫人同體大悲？

心慟、心碎？

兩岸三地何來國愁家恨？

中國人，中國心，中國情啊！

「傳心傳意九二一大行動」真正凝聚了海外中國心、中國情。

當螢光幕中天真無邪的香港兒童合唱團，以天使般稚嫩的童音，唱出他們對台灣受災兒童真心的祝福……

天啊！我哭啊！
哭家鄉慘死的孩童——
哭那壓扁、壓碎的小腦袋——
那慘遭截肢，殘廢的小生命——
是的！是的！
台灣人不孤單！
中國人不寂寞！
眼見海內外華人一條心，那「家天下」，「地球村」「天下為公」的大同世界，它指日可待呀！
經由螢光幕中，看到香港演藝人員一再呼籲民眾付出愛心，捐款賑災，讓自己發光發熱……感動啊！
令人滿心溫暖啊！
您瞧這正是人性的光輝！
多位演藝人員由於心中有愛，頓成了神聖的天使，和平的使者。
誰敢再說：「戲子無情」？
那聲聲扣人心弦的義唱，它不但燃燒、燃亮中國心，激發中國情，也替台灣人帶來莫大的溫馨、溫情與和平統一的希望……。
是人們那股傳心傳意赤誠的心，感動天地！

是人們同體大悲的淚眼、光芒，它泣鬼神啊！

香港藝人真真實實的透過傳心傳意募集了大筆巨款，他們真誠感人的將愛心送到台灣！……

是那一天！那一夜！傳心意的大場面——

令我幾度不能自己的痛哭……。

動心、動情的嚎泣……。

原來海外中華兒女有情有義的比比皆是啊！

話說台灣災後，為善不落人後的我菲華各界，在有心人士一呼百應，當仁不讓下……人人慷慨解囊，傾力捐輸。

華人的心，華人的情，他總在非常時刻，非常時期適時的騰躍洶湧。

尤其我菲華兒女一向忠肝義膽，一直是台灣最忠心、忠實的戰友和親人。

當年國家有難，菲華僑界首當其衝回國勞軍捐款者不計其數，那份「義無反顧」忠貞的心，台灣人記憶猶新……歷史為憑，事實為證啊！

而今正當台灣處於「九二一地震」的大浩劫，不正是那中國人共生的生命力，那「骨肉心、同胞情」它再次，再次的在菲華人心中沸騰……。

「送愛心回台灣！」那源源不斷的捐款，大筆大筆的愛心，來自商家、民間、學校、宗親會及各團體機構。

他們不分新僑舊僑，不論男女老幼紛紛踴躍捐輸，熱心響應，充份展現血濃於水，患難見真情的仁風義舉。

是的！是的！

——落地為兄弟

何必骨肉親——

我們都是一家人哪！

永恆的痛

今年的臺灣——

中秋節……它月殘人缺，百姓流離失所，淒淒慘慘……

雙十國慶……舉國救災，包括駐中華民國各大使館，全國上下均集體降半旗以至哀……。

十月十日淒風苦雨，同體大悲。沒有慶典遊行，沒有張燈結彩，更沒有彩花煙火……

全國百姓依然守著災區，瘋狂的挖掘……他們絕不輕言放棄自己的同胞、家人……。

絕不！

十月十日在總統帶領下，中華民國政府聯合各界舉行「九二一萬人追悼大會」，場面隆重哀戚……。

「集集大地震」在台灣這一片天靈地傑的土地上，造成了難以彌補的遺憾，也在全國同胞的心中烙下了「永恆的痛」及無法抹滅的傷痕……。

似「國殤」場面的追悼大會……，我們敬愛的大家長——中華民國總統李登輝先生沉重哀痛的帶領群眾祭拜亡魂，向全體罹難者致最深的哀悼，並安撫罹難者家屬平順那悲慟之情，同時鼓舞全國人民走出悲傷，同心協心、重建家園，努力迎向未來……。

副總統連戰先生在祭文中，告慰……孤苦無依……飄盪的魂魄，那不忍他離的罹難亡魂……：

「但願你們都不再恐懼，不再驚慌，但願你們都認得回家的路……雖然家已經變了樣——」

「因為無法遺忘，在這個告別的時刻裡，我們要嚴肅地許下承諾，重建家園，互相照顧扶持——」

「在你們今後不再回家的日子裡，讓親愛的家人走出孤單，有所依靠——」

一句一淚……

迫使我是那麼無法抑制，按捺不住的淚水恣肆直流……。痛徹心肺啊！

這真是台灣舉國上下永恆的傷逝，永恆的痛啊！

是的……

但願我罹難的兄弟，都認得回家的路……

本是同根生，相煎何太急

我不懂啊！一直以來中國大陸國家主席江澤民先生不是口口聲聲：「兩岸同胞骨肉相連？」

不是說「臺灣同胞的災難和痛苦牽動全中國人的心？」

不是說他們願為減輕地震災害損失，提供「一切可能的援助」？

那！為什麼中共紅十字會居然公開表示：「各國的紅十字會要捐給台灣賑災的金錢和物質，必須徵得大陸十字會的同意才能捐出」？

不是說人溺己溺？人饑己饑？十指連心？

不是說：「大陸方面十分關注台灣地震的情況，正積極主動做好援助台胞的工作？包括地震專家、醫療隊和救災人員目前仍是二十四小時待命？隨時準備出發赴台救災？」……

不是說「兩岸同胞血脈相通」？對震災「感同身受」？

這一切是謊言？是演戲還是做秀？

為什麼我們看到的是中國大陸不提供俄羅斯「空中走廊，妨礙救災」？……

為什麼？？？一轉身「中國可以舉國歡騰的慶祝十月一日的國慶？

不是說：「台灣是中國的一省？」

不是說他們也痛也悲嗎？

不是說我們是一家兄弟？

撇開中國情同胞愛不談，古人不是也說過：「里有殯，不夜歌」？

中國大陸的大哥們是忘了？他們是否真有如其所謂「人溺己溺之心」？我不懂！也不明白。至少實在很難在現實中看出來。

九月二十一日是台灣大地震，災後處處哀鴻遍野——十月一日中國大陸舉國歡騰，張燈結彩的慶祝佳節？？？

只隔十日哪！

正當台灣淒風苦雨的同時，北京卻是歌舞升平。台灣入夜後是斷電漆黑一片，北京卻是大紅燈籠高高掛……。

台灣降半旗致哀，傳媒全是愁苦之音，大陸卻能彩旗招搖？螢光幕前的景像是舉國歡騰，歡天喜地？百姓個個喜上眉梢？穿紅帶綠？

軍事遊行是威武壯觀？中共極盡所能的展現武器，炫耀三軍威力，更促動五十萬民眾參加遊行……。

蔚藍的天空也展現出新型戰機、轟炸機包括新一代高性能「飛豹殲轟機」，充份展示了大陸先進的武器及戰鬥水平……。

天安門上七十萬遊客興高采烈，神清氣爽個個是那麼歡聲笑語、喜氣洋洋……。

中共「國慶指揮部」共組織了二十三台文藝體育節目表演，盛大舉辦演唱會，計一百七十六場。

試問：此時此刻大陸兄長眼中有台灣存在嗎？

台灣還算是他們的一部份嗎？

我們還算是他們的一家人嗎？

我們真是他們的兄弟？

這就是所謂一家親？？

「里有殯，不夜歌」？何解？

「兩岸真算是骨肉親？」？？

或許！或許中國大陸那區區十萬美元救災款項，就是他們的極限……。

而對臺灣人來講……太沉重！

實在太沉重！

因此當大陸海協會致函臺灣海基會：

「是否需要通過我方（中國大陸）要求聯合國對台灣啓動「國際救援」？

諸君！您認為呢？有此一問？「是否代為啓動聯合國救援」？……

台灣陸委會無暇深思，也恐不屑多想，在極短的時間內授權海基會覆函，那九年來最短最有禮貌的一封電傳函件：

「……謝謝！

請轉告：『不用了！』」

精簡的話展現了台灣執政者的氣魄和台灣人的骨氣。

令人拍案叫好！高聲喝采！

讚！好樣！真是好樣！

回首半世紀以來，我中華民國台灣真是多災多難，在不同階段，面臨各種不同內外挑戰，全國百姓激發出一次又一次的憂患意識，舉國上下最終都齊心配合政府，以國為重，化危機為轉機，使國家發展凌霜雪而彌堅，經濟建設成果亦斐然。

當中共外交部發言人章啓月在記者會中公開表示：

「中國對國際社會向台灣地震災區提供援助，表示謝意！」

？？？中國大陸替臺灣？替中華民國表示感謝？？？

諸君！您說！台灣人能服氣嗎？

心中能平嗎？

此時此景中共能代表台灣道謝嗎？

我深信台灣人，全世界華僑、華裔的雙眼是雪亮的……。

我不懂政治，不懂局勢，卻能講信講義，是非分明，知來處也懂歸處……。

我是台灣人，雖移居海外近二十年，依舊是臺灣心，台灣情。

我有家有國，成長出生受教於中華民國。我中華民國於一九四九年從中國大陸退守接收台灣迄今整整五十年，它主權獨立，民主自由，豐衣足食。

老實說臺灣人不計劃「台獨」，不用「台獨」，也不準備不須要「台獨」。

台灣人絕大多數頭腦清醒，雙眸雪亮，我們就像台北市長馬英九所說：

「台灣沒有臺獨問題，因為它本來即已獨立自主，台灣並沒有受外國的控制，也未受到中共的統治。」

是的！台灣人活得頂天立地，我們自立根生，莊敬自強！

台灣政府由民眾選出，也為他們所信託！

即使今天沒有李登輝總統的「兩國論」，中華民國的存在一樣不容忽視。

我以為兩岸確實應站在理性、和平、對等互惠的原則下，心平氣和的談統一。

身為台灣人心中都有數，我們願意和平統一，但不容許任何人欺辱台灣，封殺扼斃台灣……。

今天我們有信心，而且一定能在天災人禍中「浴火重生」。

那是因為中華民國是台灣人打拼建立起來的，此地每一寸土壤，每一滴心血，每一座城市、建築都是生存於台灣的中國人攜手努力建設，共同創造出來的，我們愛台灣、愛中華民國。

我們瞭解也清楚明白自己的父母是誰。

台灣人受的是完整的中華民國教育。

既然今天大伙是一家親，請不要隨便指控威脅我的國，我的家，或出口辱罵我們的領袖。

身為台灣人，我們心知肚明，台灣並非天生就是「鑽石島」，它是經過台灣政府——中華民國堅苦經營帶動，是血汗建設起來的「民主自由國家」。

要統一，想統一不用多言、多辯，請讓小小的台灣百姓心服口服，心甘情願……。

而統一與否，不是看國民黨或民進黨的能耐，而是看台灣百姓，我們願不願統一，值不值得統一……。

時代不同了！今天任何文攻武嚇、強權惡勢、欺壓矇騙都不長久，也不得民心……。

和平統一！不是口號。

今天或許彼此立場不一，國情各異，但有心統一就必需拿出誠意，表現氣度，公平對待，無需彼此折磨、擦拳或相煎。

「必竟我們是同根生」。

浴火重生

雖然一場浩劫，一場噩夢讓台灣人跌入深淵，慘遭地獄之火洗禮。

雖然台灣像歷經戰火般，遍地殘骸狼藉、焦臭撲鼻、瘡痍滿目……。

雖然地震同時也震出了台灣不同階層的斷層，包括中央、地方、黨派……。

同時各階層也產生不少問題、瑕疵、缺陷、不足……。

可！這一切的一切都不足為慮……。

只要知錯，只要能改……，肯努力！肯面對！

讓我們心手相連一起努力，相忍為國。

苦難的淬煉，它絕對是重生的契機。

「九二一大地震」雖在台灣這一片土地上，留下無法彌合的傷痕，但台灣人有信心，也一定有決心在彼此共同努力下，重建家園……！

台灣人不是有那麼一句話：

「打斷的腳骨，越勇！」（更結實！更厲害！）

李總統一再呼籲國人「以感恩重建，用大愛興邦」，讓我們以具體的行動，一起來實踐……對這一遍土地的愛心。

國際天主教樞機主教單國璽也勸告我們：

「與其詛咒黑暗，

不如點燃蠟燭！」

希望整個中華民國台灣經過此次大劫難，各界都能真正的痛定思痛，浴火重生……。

讓貪婪、暴戾、攻擊、傷害都成為過去……。

讓我們凝聚更堅定的團結共識，攜手共渡，超越悲痛，開創未來！

親愛的海內外同胞們！

請收起同體大悲的哀慟，讓我們同心協助台灣重建家園。

台灣的兄弟們！請抹乾淚，相忍為國……攜手努力。

我絕對相信無論任何生關死劫，只要團結一心最後都可以靠自己的力量忍痛挨過！……

兄弟們！讓我們攜手飛越悲愴！迎向未來！……

原載聯合日報一九九九年十一月十一日菲律賓華文作家協會【薪傳五十一期】。
及一九九九年十二月二十三日菲律賓華文作家協會【薪傳五十三期】共兩版。

縹緲雲天

十年生死兩茫茫，不思量自難忘。
千里孤墳，無處話淒涼。
縱使相逢應不識，
塵滿面，鬢如霜……

錄自蘇東坡的江城子

是的！十年了……

浪跡天涯的步伐，使我十年未再踏足警察公墓一步，也未再在阿爸的墳上燃過一柱香……。

記得剛踏上這裡，我愛上了它的寧靜。

當日一共只有兩排孤單的新碑，整齊的排列在青草地上。

長方形水泥，冰冷無情的凝固了逝去者曾有的熱情。

統一的尺寸規規矩矩，像理了小平頭的花草，乖乖的守候著亡魂。

遠處是一片高山聳立，在晴朗的天氣下清晨濃霧朦朦，遠處廟宇鐘聲清悉可聞。高大、孤傲中國式的牌坊是那麼醒目，沉默的聳立在右邊的路口。斗大的藍字瀟洒的書寫著「警察公墓」四個大字，中間威武的掛著警徽。

讓人有肅靜的感覺，入內一片寬擴的花園，古老的小橋流水、涼亭……橋下零散的游動著兩、三尾懶散的魚兒。

正中後方有一座雕刻著龍鳳，中國式建築的紅色大殿，雄偉的聳立著。

墓園追思

十年後再見公墓已不見清新，牌坊依舊，惜兩旁高樓聳立，熱門音樂山中可聞。小橋流水依舊，惜斑剝零散……滄桑可見。

大殿雖年年漆上新衣……但過份血紅卻使人不歡。

由小徑踏上那一片墓地，新舊墓碑已不再整齊……有些人為後代風水著想，弄斜弄歪了長方形墓碑的排列……。

有人利用花花鈔票，神通廣大的加倍了墓碑統一的規格，四方的野花、野草趁工人不注意，張牙武爪伸長了脖子，囂張的搖晃著。

整片園地不太規則的塞滿了水泥墓，使人感覺一片心慌。

而後山坡理平了一片空地，就像張著手臂等待誰家兒女來歸……。

那新犛過微濕的泥土使人感覺份外不舒服。如今的墓園或許是雜亂了，或許是不整齊了……總使十年來歸的我……再見時心情不靜。

巡視著一張張影印在冰冷墓碑上的冥相……一陣微風吹來……使我不覺捉緊了衣口……深覺寒慄。

而這份寒慄令我猛然想起……自小對撲朔迷離似真似假的鬼怪靈異有所恐懼……幼小的心靈……深怕黑暗和不可知的虛空……每當惡夢驚醒時，總是用小手拍著胸口……含著淚，摸黑的溜進爸媽床前，無限惶恐的搖醒母親……只要半開著眼的父親大手一指床角……我就像得救的羔羊急忙爬上那小時候感覺像張「巨大的手掌」……無比溫馨的彈簧床。

而一方面又擔心自己侵佔太多床位……被父母驅逐……總是把自己瘦小的身體貼著靠邊的角落那冷冰的牆角入睡……。

因為床上除了父母……中間還睡著相差十個月，各一、二歲的幼弟……但說也奇怪，只要爬上父母的床角……什麼鬼怪妖魔自然隱退……

而我立即安然入睡。那份溫馨，那份甜蜜……以及說不出的信賴，一直充塞著我的一生。

而今再次立足『警察公墓』，這剎那的寒慄也只是片刻的感覺……我搖了搖頭，晃掉了不存在的東西……延著山坡的小徑踏著整理得乾乾淨淨的石階，熟悉的左轉，數著排列……跨過新墳、老墓……肅立在一處舊墳前，雖說舊墳但因過往依規定上了水泥，砌了大理石加上管理嚴謹，故一切善可！

除了一、兩片落葉、枯花……以及去歲乾枯的冥紙外只有不甘寂寞的荒草漫延著……舉起手撥掉一切多餘的，撫著墓碑上依舊晶亮的遺照……那是一種冰涼、堅硬、冷冷的現實感……。

墓石上刻著福建惠安・郭志山墓，生於民國十一年二月十五日・歿於民國五十九年元月二十七日。墓碑上浮著一張俊挺、清眉大眼、熟悉的影子……。

是的！躺在這裡的……是我一生不能忘懷……死於食道癌，去世時還堅守職責，不願退休、含怨而去……享年四十九歲的父親。

回首往事

十五歲喪父……

不知是何方神明接走我那來不及訴說執愛的父親時，心中那顆赤子心懺悔感……以及恆久的依賴……迫使我常年偷偷徘徊在公墓左右，有時孤單一人，有時好友相伴，每個假日、每個佳節、每個年頭和年尾……

我數遍了周圍一顆顆古老的大樹，暢開的花朵，遊遍附近的山野……碰見過忽然消失的老者……也遇見過巨大的綠蛇，還常帶著書本……半晌呆坐在墓旁……思考未來……反醒自己的得失，也療養受傷的心痕。

當年因年少喪父……

自甘棄學就業，母親不忍……屢次痛哭昂天悲號，而年少的我卻已寫滿任性，執意賺錢貼補家用。

惜因幼嫩無知、知識不足飽受欺侮……有感於父親坎坷、無奈的一生……一顆不平衡、怒吼、不甘的心衝向天庭……。

奈何書少筆拙……總無法訴出憤恨，因此告戒自己……衝出黑暗、重建自我……發誓有一天必須理出屬於阿爸一生的坎坷無奈……。

記得孩提時……眼中的父親是個大人物，高大俊挺、五官端正。長年四肢包藏在母親一點一滴……仔仔細細燙得筆挺的警服內，給人一種威武雄壯感……依靠在他身旁是我無上的驕傲。

那時正值台灣光復不久……整個社會處在甦醒、療傷階段……人民普遍窮困，公務人員薪資有限……當時受日本統治影響，警官在一般百姓眼中是受人敬重畏懼的父母官，惜社會未納入正軌，一切都落後貧困，乃屬多事之秋……。

父親原名振桂，年少時家境清寒，居福建惠安（原屬泉州府城外北門）郭厝村（圭峰鄉），因一帶沿海，百姓赤貧大都以菜根、鹹魚乾渡日。

故阿爸自小赤足放牛，但人小志大，立志上進故改名「志山」，年少開始自備鹹魚、蕃薯乾……足登草鞋翻山越嶺……行萬里路離鄉苦讀。

當年血氣方剛受蔣委員長十萬青年十萬軍之號召，本立志投筆從戎……卻因祖母嚎哭怒罵不孝……死命拖拉不放，百般無奈轉而投考「中央警官學校」，當年是第二屆警校畢業生（校長——蔣中正）。以至日本投降後隨軍隊接收台灣。

溫馨歲月

年幼時的我……

一直是跟隨阿爸左右……記得學齡前幾乎是在警所長大，或許孩提時深得父愛……乖巧懂事、大方可人又能歌善舞。

想當年父親共有四女……我乃排行老三，四個女兒中我如混血娃兒般深得警所叔伯寵愛，因此成為父親南來北往上班、出勤、出差之小跟班，亦常隨其參加親友婚喪喜宴。

記得三、四歲即常陪著父親，與眾叔伯舉酒乾杯……童歌稚舞娛眾……或出入酒家……或觀賞京戲。

當我略懂事，睜眼認清世事時……

家在台北的一條巷子……人們俗稱「二條通」……

我的前半段童年即在此渡過。「二條通」只是一小段的街，然而它內部的組合就好比一個奇異的世界。

這裡分成兩部份，家的對面也就是巷子的左邊是一些不會講台灣話的外省人，由大陸撤退來的，講了一口不知屬於那一省？……那聽不懂的國語，隨身還攜帶了一些侍從阿兵哥。

住的是接收來或政府分配的日本式寬敞的宿舍，出入都是黑頭轎車，將官乃高頭大馬，一身戎服，不苟言笑又威風八面，使人敬而遠之。

巷子的右邊也就是以我家為中心乃是雜居户……在此我們家尚屬寬敞，父親老實又一心想回大陸，故戰後並未隨人侵佔房產或便宜購買大屋，這一直是母親一生的遺憾……。

但不管如何……我們還是有幢屬於自己又不錯的住屋，那小時候使我覺得它好大好大……長大後卻又覺得好小好小的家，整條巷除了我家有四房一廳外，其他人的家合起來……真是一個萬花筒，而一條大巷又分成數條小巷。

長大後才驚嚇……怎可能在這麼小的地方重重疊疊住滿這麼一大群人？

鄰居大多是三輪車夫……一到晚上……巷口前後總是停了五、六輛三輪車，他們一家大小五、六口同住一房的比比皆是……。

還有如木匠、收買報紙、破銅爛鐵的、酒家女、妓女、賣鳳梨涼水的、賣魚的、出海捕魚的魚夫、承包工程的老師傅、燙頭髮的女工、專門挨家挨户替人洗衣的阿巴桑，還有打拳賣藥膏的老頭等等。

真是一條充滿人生百態，熱鬧非凡的巷子。

記得小時候巷中人大都十幾户人家共用一個臭氣衝天的公共廁所，故十萬火急時總會狂奔我家借光……。

晌午……烈火下油炒菜，每家都習慣由窗口或門口將炒鍋伸出窗外，以免油膩薰屋……故誰家炒魚煎蛋，不問自知。

在巷內……父親的身份是特殊的，介在外省人和本省人之間……

（一般由中國大陸撤退、逃難的老兵、外地人通稱外省人），而父親人緣極佳……又講了一口標準的福建話，雖國語（普通話）聽起來也是那種不知學的是那一省？總是聽不懂的腔調……但福建廈門音是親切的，加上阿爸為人正直，不貪不取，講義氣，又好交朋友念舊情……故深得人心。

記得每天總有一票又一票的大陸老鄉來訪……由於流浪的人貧寒無依，我家客廳常見歪七倒八橫豎的收留了一些或熟或不熟的流浪漢。

當年父親熱情善良，正直講義，愛打抱不平，身居父母官，故儼如救世主、教父般來往於正邪兩派之間……

朋友五花八門、黑白兩道皆有，常助人排解糾紛或許尚稱公正……頗受鄰人、老鄉推崇信賴。

幼年的記憶裡……父親常常救濟那些老鄉老友……單薄的薪資交到母親手中……常又一張一張的追索……分散給無依的鄉親。

而自家子女費重……難得母親委屈無奈下……依然順服無怨……開始分租出兩間房，又利用客廳開了家小雜貨鋪……一塊三毛的省吃儉用才勉強應付阿爸的大方救世和一家幾口的開銷。

雖說如此……記憶中……媽媽還常常牽著我的小手，抱著一大堆父親整套的西裝、大衣、自己的手飾……不定期的出入「當鋪」以渡過一個又一個年關。

小時候幾乎沒有零用錢……巷內的小孩自己收集鐵罐、黑人牙膏空條，牛奶罐……或到處撿破鐵、酒瓶等，以換取麥牙糖、花生捲……有時大伙等候那黑頭冒煙的火車駛過後……搶著撿散弄一地的煤塊，回家向大人換取兩毛……買一枝酸梅冰

棒，常見一枝冰棒輪流咬一口後……轉回來時只剩下冰棒棍……於是男生習慣嘿嘿笑的摸摸光頭，女生掩著嘴也莫名其妙拍手大笑。

而那寫過字的簿子……一張張撕下來……瞬間就是紙飛機、紙球或帆船好不痛快。

那男生在一起總愛騎馬打仗、打彈珠、捉迷藏，女生在一起喜歡跳橡皮筋、抱娃娃、辦家家酒……。

記憶中我常加入男生的騎馬打仗廝殺……而總是不肯認輸的頭破血流、衣衫不整，亂髮飛揚的凱旋歸來。

也常和對面軍官住宅……神秘的外省同齡女孩一起玩耍……她那進口金髮會眨眼的洋娃娃……曾使當日年幼的我羨慕得夢中抱枕含笑。

已不復記憶如何和那些外省孩子言談溝通……只記得常逗留在日本宿舍內爬樹採花、看漫畫、玩家家酒……有時偷偷拿去母親的高跟鞋、皮包、外套……忙亂的編織一些彩色的童年。

光復後……台灣人的日子是辛苦的，在日本長期的控制壓迫、有計劃的文化侵略、教育同化下……大多數人還生活在濃厚的日本色彩中，記得懂事上學前……我好像常穿著日本式的小和服……還有走起路來……「聒！聒！」叫的日本木屐。

當然並不是每一戶都如此……乃因母親是一位從小受日本高等教育的台灣竹山人……聽說嫁父親前家境富裕，一直是唸最高級的貴族學校，一口流俐的日語，又是彰化女高畢業，（在那樣的亂世，是相當不易的）……聽一些叔伯說：父親剛撤退台灣時……奉命駐任南投縣竹山鎮竹山分局分局長……。

二十幾歲，是一位風流英俊頗得人緣的外省局長，出入有警車接送，住公家宿舍，年輕瀟洒，相當威風得意……而當年母親號稱竹山美女……乃小學教員，一次在街口巧遇後，聽說我那要命的阿爸各家各户普查、逐户調訪，又借題尋查各小學教員名冊，千辛萬苦方尋獲母親……乃花言巧語……強自推銷購買。

慶幸我有位深明大義，開通的祖母，（在那動盪混亂的時代，外省、本省人之間的矛盾堪稱水火不容）……母親終於順利嫁給了一清二白、無產無業的阿爸……。

悲歡年代

在警界生涯中的父親奔走得相當坎坷，命運起伏不定，生長在那麼一個紛亂的時代，存在的是現實人心多變的社會，勢力和權柄操縱一切的不平衡……利用關係，各種管道求名求利之人比比階是……各行各業都有他黑暗不見光的一面……。

光復後台灣各地存在著各種急待處理的問題，黑道犯罪組織相當嚴重，那失去的文化急須重新組合，一切的一切才開始漸漸脱掉日本時代的惡夢。

而在這動盪的時期……像父親這種直爽豪邁、熱血愛國的人或許生錯了時代，他那才氣洋溢、博大寬宏的氣度難免招妒受罪……而帶給任勞任怨、勞碌一生的母親或多或少的委屈與麻煩，也給自我帶來了坎坷的不幸……。

我已不能記憶阿爸如何遭人有計劃出賣陷害而失去局長之職……被迫遷調台北

保警隊，任職督察之事……只知道有記憶後……家就住在台北，父親是位熱愛生命念舊懷鄉的人，我常奉命到對街買一瓶陳年五加皮老酒……既使是無客來訪，他仍然歡喜當全家圍擠在小巧日本式圓桌時，飯前淺斟一杯與母親閒話家常……或者和鄉友對飲……三分醉意後訴不盡的懷鄉……淚眼遙望或高歌鄉曲……一次又一次形容孩提生活之趣味及辛酸往事，總又一面教導我們惜福節儉、為人但求心安、忠勇愛國、守信講義……當曲終人散……眾人皆醉時，總留下我瞪著雙眸……紅通著雙頰微微醉意的……等待著父親未講完的懷鄉曲……和那另一杯濃濃的……。

就只記得總是那麼多人來要求阿爸幫忙，找職業的，沒錢的，出事或不知何故親人被扣被捉的……雖父親發揮了博愛的精神盡力幫忙處理……卻多少得罪了上級及善妒的同事，因此也一直阻礙了阿爸升調的機會。

其實父親才藝出眾、博愛精幹、忠心愛國，又相當有組織、領導才能。可惜生不逢時……又不願丟掉自己為人處事之原則去低頭獻媚，或送禮鍍金……因此這樣的人，這樣的社會，就是這樣的一生……。

唯一使阿爸一生中充滿成就感的……就是母親接連生下了兩個弟弟……幼小記憶……中年得子的阿爸是驕傲的……記得整條巷……全部掛起不見天日白藍相間的塑膠蓬，整齊排列的大圓桌，蓋上紅紅喜氣的桌巾……席開三、四十桌大魚大肉，無限驕傲的宴請鄰居、朋友、鄉親……巷首還請來那媽祖生日或拜神大典才出現的歌仔戲班，巷尾也敲鑼打鼓的耍著布袋戲……

記得阿爸當日豪氣開懷，笑傲江湖，滿臉的幸福感恩，在忙亂應酬中還不忘對著我擠眉弄眼……。

記憶裡幾乎是整條巷的人都歡騰興奮……就像自己中獎般的情緒激昂……那狂歡一夜後……終只剩下散盡一地的骨屑、歪七倒八的酒瓶，清晨忙著撤走的戲班和醉倒不歸的老鄉……以及母親掏空的私房錢袋……和那漫長三年才能還清的會錢……。

但終於對郭家列祖列宗有所交待……是母親含痛歡笑，心甘情願的付出，也讓阿爸放開了深鎖的眉結。這必竟是他離鄉背井唯一值得炫耀的成就。雖然他也平凡，但，卻是我心靈深處的摯愛……。

從小隨父出差辦案最解父心……他頭腦聰慧，辦案有條有理，絕不仗勢欺人……或對犯人拳打腳踢，總是盡心勸善化人，可惜光芒外露，不知收斂，不防小人而一生坎坷。

當然若要論父有所缺失之處，那就是男人多少也風流……是那英俊才子型風貌的阿爸，積一生讓母親憂心不安的熱情……。

但其適可而止……不過份、不招惹，守戒之心唯我明之。其實父親是個顧家者，雖然警官南來北往……長年奔波，沒有假日……沒有過年，阿爸又相當勤勞、認真賣力的工作。雖說如此……一有空閒總替家人帶回小菜、清果、點心。其一生清淡無貪，守信重義又熱善好施……小小的我相當崇拜他……也一生受其影響頗重。

父女情深

記得也是年關，阿爸奉母親之命採購年貨，是那麼精打細算……在差不多買足後，小小的我受不住五花八門新貨的誘惑，憋不住拉拉父親深色的褲管，小小聲附耳告訴他：

「阿爸……如果你有剩下的錢……能不能替我買一雙皮鞋？……」

記得父親驀然呆愕……半晌用他的大手溫柔的拍拍我的臉頰……一聲不響拉著我直奔鞋攤，買了雙亮晶晶的黑皮鞋（假皮），我高興得淚眼盈眶……整夜抱鞋瞪眼無眠……。

在那個年代，那個童年……一雙鞋不知讓我用力踏出了多少心中的驕傲……更記得每當父親牽著我隨老友上酒家喧鬧一番後，回家前總把食指放在唇中，莊重而小聲的告戒我：

「別告訴妳媽，問起來就說我們看戲去……。」

我總是義氣的揚揚雙眉……很嚴肅的用力點頭，倒也一生守信，故深得父寵，情份依依。

也曾經使我們家有過烏雲密佈的事件……

記得……有一天身為警官的阿爸下班回家，被大膽小偷抽走了那份養家活口的薪資……無限沮喪的父親、哀怨不止的母親、驚訝的我們都不斷咒罵沒有良心的小偷，這一時的打擊總共使我們失去了整整一個月的笑容……。

那些日子……我無限痛心的守著懊惱的阿爸來回思考悲傷無常的人生……在我童稚的心靈裡並不太懂大人的椎心刺骨，但多少體會了阿爸這一代人生活的壓力。

再見陽光是父親降職多年後，屢次積功上級不得不呈報升調其任職雲林縣虎尾鎮，虎尾糖廠保警中隊中隊長……

小巷情長

那是個陽光普照充滿歡笑的好日子……在全巷人衷心的祝福聲中，大卡車搬走了我們全部的家當，也從此中斷了……這溫馨小巷裡美好的記憶。

當我向每一個玩伴揮手道別時……不禁淚雨紛紛，無限感傷……

懷抱著一路走來，小朋友延途塞過來的小禮物，終於隨著父母搭上火車搖搖晃晃……晃出了台北，也晃出了溫馨多彩的童年……。

半途拆開這「滿懷抱的友情」……

有……曾經和人搶奪過的布娃娃，輸掉的鉛筆、五彩美麗的彈珠，全新的鉛筆盒、蠟筆，還有那曾使我夢纏而依舊美好，會眨眼金髮的洋娃娃……，不覺使我掩臉哽咽淚流……。

火車帶著我們一家大小駛進從未見過的鄉野，惶恐的我緊偎著父親，對陌生的環境充滿恐懼，對未來也無限渺茫，但昂望高大的父親那豁達之神情，堅定的信心……使我不覺也挺直了背脊……期待明天會更好……。

另一片天空

虎尾是個充滿人情味的小鎮，位居台灣南部，那不同於台北人的鄉音聽起來可親，那充滿健康的笑容使人欣慰，一股反樸歸真的清新盪漾著我心，而在此時也才訝異多少年都市生活……使我與鄉村的孩子有那麼大的差距……？

當父親挽著母親，牽著被大人打扮成白紗公主的我……進入糖廠安慶小學報到……我已跨入了小學六年級……那半大不熟尷尬的年齡。

加入一群好奇活潑又充滿活力的鄉下孩子中……漸漸的我學會了騎腳踏車……赤足狂奔、灌蟋蟀捉蟬、追尋空野、熱愛自然、採集夢幻……。

而父親重新為我們建立的家是一幢日本式的宿舍。有好大的前院，院中有一顆高大桂樹（桂花香）綻開時滿天芬芳、滿地落花……香氣盈繞，好不清香美好。庭中還有多產的木瓜樹、香蕉樹、搬來後父親重新整理過的花圃、漫爬的葡萄藤產下的是透明無子的綠葡萄、仙人掌偶爾開紅花……。

屋內臥房是一片日本式的榻榻米，客廳是晶亮的地板，用來格間的是白紙糊成的那種……日本式一小格、一小格的片狀拉門，極端優雅精緻。

最可愛的還有個後花園，經過母親修整成了一群可愛的雞鴨窩巢，於是於是全家開始有了享用不盡的新鮮熱蛋……無比溫馨的溫暖了這迴然不同的人生，無怪乎父親心情暢快，更加歡顏……。

在那時刻，為了我能學會騎腳踏車，第一次父親嚴格的訓練我面對困難、不怕流血、不向挫折低頭……。

只記得摔過不下三十次，跌破了膝蓋劃傷了腿，撕破了衣服，還撞壞了鄰家的籬笆……終於顫顫抖抖……學會了騎車……。

阿爸急速的要我學會適應環境，加入鄉村孩子的行列，因他感覺到日漸成長的我……濃濃的孤僻，摔不掉的依賴，又不夠勇敢，無限期待的希望我成長……能導入生活之品味……成為他的驕驕女……。

而怎知學會了騎車……終於也使我脱離父親的牽引……自己掙扎的飛出了另一片天空也飛出了無知的歲月……。

從此在不一樣的歲月裡……編織出屬於自己更燦爛、彩色的童年……。

若要説痛快的人生……莫如把自我交給自然，交給大地神遊空間，笑傲山野，可常養一份浩然寬大的心胸……阿爸如此，我亦然……。

成長使我不能天天再膩著他左右，即使有時碰面我也害羞默然……但父女間相通的默契，常使我騎著腳踏車在大街小巷碰著阿爸正巡視四方，在河邊在山腳，在那一片高大的甘蔗園地巧遇其或忙或片刻的休閒……。

暑氣沖天的休假日……偶然一頭栽進戲院，黑暗中也巧遇呼喚我的阿爸，於是父女默契相通的拉手傻笑……。

可惜好景不常……

縹緲雲天

四年一晃而過……我來不及長滿羽毛、來不及長高長大，阿爸又莫名的受人栽贓陷害……

這個社會就是有些人為名為利不擇手段……總是熱中踏著別人的肩踩過別人的頭以達升官進爵的目的……。

我恨！父怨！而父親寄出那上達副總統之陳情書……又石沉大海，偏偏調派澎湖令已下……父親錯愕得夜夜無眠，憂傷得白髮也蒼，只有更加速猛吸那跟隨他二十年的香煙、猛灌陳年五加皮酒……。

那無緣無故不白之冤……使阿爸愁腸寸斷，要知在警界是除了犯下大錯之警官方調職外島——澎湖。

當日父親方寸大亂……百般托人上達無效（周圍人都現實自私……誰也不願惹事生非）……而心寒作罷……。

因此阿爸在無奈下隻身一人搭機飛往澎湖警局報到……。

於是慘淡的烏雲蓋滿了我們一家大小。

母親的思念，孩子的依門盼歸……都只靠書信往來……

再見阿爸時……其已整整瘦削了一圈，滿臉病容……。

據說阿爸在澎湖憂心掛念一家大小，悶悶不樂……煙不離手又省吃儉用，自己煮食洗衣……每每一天煮一頓吃三餐，冷菜冷飯硬吞下咽，有時菜酸、味變了……還不忍丟棄，因此獨居半年即得病而歸……

一再嘔吐……食不下嚥……進院檢查證實「食道癌」無誤……而且已有蔓延現

象……母親立即丟下孩子，北上照顧急須火速開刀的阿爸……。

而當……父親正躺在手術台上任人宰割之同時……也正是我們一家小孩在友人幫忙搬運下……重新搭上火車晃回了台北（因父遭調職……全家人……現實的被糖廠驅趕搬家）……委屈的搬離虎尾，回到了二條通老家……。

再見到阿爸，他整個人老了……萎縮……也乾枯了，整整老了二十年，深深籠罩著死亡的陰影……

手術後就像老人般暮氣逼人，開過刀的父親依舊無法躲開死神的招手，更無法使其嚥下一粒米飯，整天依靠點滴補品渡日……。

瘦垮的阿爸只剩下枯乾的衣架……只有臉上那兩只凹陷的黑洞，還嵌著晶亮的希望，不時靈活生動的眨著……

每當望著這樣的父親……我含淚裝笑，離他而去時嚎哭悲泣。

記得父親見到我是快樂的……曾偷偷拉著我溜出了台大醫院……上街閒逛，還記得阿爸牽著我進入一家百貨公司……選了一套洋裝，突然開口訊問店員：

「這是不是今年最流行的迷你裙？我要最流行的……」

「這是我女兒……」

哦！阿爸！你讓我淚流滿眶……或許店員們正嘲笑古董阿爸……這鄉巴佬幼稚……可笑呆笨……

但，我是那麼心酸哀痛，愁腸寸斷，強忍住哀號的心……接下了其實並不是我

最愛的款式……但卻是摯愛的阿爸贈予我的第一件，也可能是最後……唯一的一件「少女裝」……。

顫抖的手接過了深寵……用裝滿歡笑的臉……安慰著滿意的他……。

二度再進榮民總醫院時，醫生無情的割開了阿爸的喉嚨，以機器加人工不斷的抽痰……深恐濃痰阻塞，病患立速歸西……。

再見阿爸……痛苦的抽痰加上切斷的食道咽喉已無法言語……相看淚雨紛紛……只明白其雙目寫滿哀怨無助，無奈淒苦與不甘。

當日阿爸由枕頭下摸出了兩份上達訴冤書，指著它們對著我猛點頭……我哭了……不停的哭，死命的流乾淚水……百般無奈的幾乎是吶喊的搖著父親的手告訴他：

「阿爸！我懂！我都懂！」可憐的老人也落下了淚水，只能瞪著淚眼訴說著「嚕……嚕……嚕！」的委屈與不甘……。

才四十九歲的壯年哪！還有大好的明天等著他呢！何堪如此憔悴？何甘放下兒女遠飛？不能去……不願走……不忍丟……但又不得不走，不得不飛……。

何堪心碎？悲悲淒淒？……走了，離了，連最後的魂魄也飄了……終於化成一堆骨灰……永遠停頓在水泥墓中……。

而最可笑的是父喪後第二星期有關單位匆忙送上公函……

我已不能記憶原文……含意為：

「查警官郭志山確屬公正無貪，升調澎湖縣分局局長一職。」……

記得還加升了阿爸一顆肩星臂章……又如何？又怎樣？能怎辦？有誰替我招回那含怨而去的孤魂？……

夜冷了！風大了！阿爸！我也該回去了！都二十年了，二十年來我惦念著您……不管人在何方……我總會神遊至此，雙膝跪地上一柱清香……叩拜您一番，即使浪跡天涯……此心不移……。

走出了公墓，飄出了過去……也再次轉身「警察公墓」對天遙祭……阿爸！願來生再續父女情！生為您的女兒我會更勇敢、堅強的迎向每一個明天！帶著您賜予我的每一滴血、每一個追憶……值到永恆。

也許這樣的時代、這樣的人……就是這樣的一生……於今我也無怨……。

原文載於菲律濱聯合報一九九一年三月十五日辛墾文藝社副刊。

昂首穹蒼

「他死了……」

「前幾天才聽說不舒服，就走了……」

消息傳到耳膜……我傻了。……剎那間，一陣轟然的昏暈，久久無法平息，內心的碎裂，那份撕裂感……層層圈圈的擴大……絞痛。

孩子氣的我撇撇嘴，慌不迭地……立刻一手掩緊住欲嚎啕的嘴，一手掩蓋婆娑的淚眼，依然阻不住滿心的悲愴，止不住晶瑩欲滴的淚珠……。

終於躲進無人的角落，猛然頓腳……無助的低喃著：

「誰叫你死？誰要你死？」……

「你為什麼也走了？為什麼？」……

呆坐在床角，咬咬嘴唇……蹙緊了眉頭，緊握雙拳……無辜無助的搥打著床頭的大狗熊。

雙腿任性的猛踢著靜趴床尾的布河馬……我終於忍不住，不知所措的吸吸鼻子，唏哩嘩啦痛哭出聲……。

他真的死了啊！……

真的走了？……

帶走了我最後一絲絲的牽掛，幽幽的期待和那……深深的愁思……。

前年回到老家……我不曾見過他，或許是自己刻意的逃避，心中是不忍見，也心酸……使我打消了多少徘徊在……「中和」的腳步，誰知望斷天涯路，如今陰陽兩隔……再也不能相見……

※　※

座落在中和一幢巍聳的大廈……一進入自動關閉的大門，即可見圍著大理石潔白的櫃台。

左右兩邊的壁上貼著豪邁的書法，書寫著條條住戶守則，正中端坐著一位老人，乾淨清爽、溫文儒雅……該有七十幾歲……卻掩不住那股出類拔萃的卓越，腰桿挺直中散發著英雄豪氣……老人雖滿臉歲月雕痕，卻依然讓人感覺豁達豪邁，寬厚的雙肩、粗壯的胳膊……依舊讓這七十好幾的長者，自有一番神采、氣質……。

他瘦了……自從我遠飄國外，十幾年不見……不知為何，依然對他有份親情的牽掛與關懷……。

他是此幢大廈的管理員，櫃台左邊第一間住户是他的宿舍，三房兩廳的屋內五臟俱全……乾靜、簡單的家居，清清爽爽的窩巢，聽說是十年前想成家時購買的……。

由屋內字畫、書籍、胡琴、洋琴、吉他……可見老人氣度風采必屬不凡……。

可惜屋內缺乏的是孩子的笑鬧聲，老伴的嘮叨聲，依條件……好友屢勸其娶妻生子好終老……怎知他無心……寧可踽踽獨行……。

因此……每當萬籟俱寂，午夜夢迴……那種孤寂，使老人三番兩次翻身下床……呆立在書房正中，雙眸凝視著壁上懸掛的巨幅彩照……。

十年了……老人依舊會偷偷抹淚，撫摸著相片中的人影，擦不乾相思淚痕，凝眸中……心靈依舊有份莫名的絞痛，止不住的心傷……。

而，那巨幅的彩照，卻是我和老人不能斷的相思與牽掛……是心中彼此共擔的一份悲愴……。

那……是張遺照，五十四歲的婦人，去逝十年了，相片上不再年輕的五官，甚至是張因病折磨後，面容有些病態的浮腫，雖不年輕……但清麗的相貌，依舊盪著溫馨的微笑，明亮的雙眸依舊有那年齡掩蓋不住的光采，以及一股不屬此般年齡該有的嬌羞、憨嗔。

「她」，是我的母親……五十四歲，紅斑性狼瘡病逝於榮民總醫院……。

而老人……

是我們一家人的朋友，我稱呼他王伯伯，王伯是位將才，年輕時帶領軍隊南征北戰，勳功無數……。

退守台灣時是位二、三十歲的上校軍官，年輕英挺，河南人，忠黨愛國，惜血氣方剛，受不住不公平、勢力、權柄和有心人的操縱……棄官從商，當年或許眼高心遠……又一心想回老家，故一再蹉跎婚姻與歲月而未曾成家……。

由於不屑重返軍職，同期兄弟都升居將官，唯有他流落街頭替人算命卜卦……，後來在台北市區開了一家「光華英日語補習班」，自任主任，又親自苦修教授英文……是個文武雙全，多才多藝的好人……。

父喪後多年……母親曾在他的補習班任教「日語」達數十年，在王伯的護庇下母親躲過了多少風雨歲月……熬過多少辛酸無奈……。

因此王伯與我共擔了不少屬於母親孤寡的哀痛和扶助了她自我成長的辛酸歲月……。

王伯亦是母親一生中除了阿爸以外……最深的牽掛，因此在她去逝後的多少年歲裡，老人依舊滿心、滿懷細細的捧著一份魂牽夢縈的情愫，令人泫然欲泣的癡情，使我由衷的感傷……。

母親撒手人寰後，由王伯身上，我依稀牽繫著母親不散的魂魄，而今仰首蒼穹，王伯也走了，讓我一時……難忍滿心的悲愴，不覺往事歷歷……驀然回首卻恍如隔世，令人無限唏噓……。

※　※

阿爸過逝，親友四散……「救急，不救窮……」成了口號。

大姐初嫁，自顧不暇，二姐剛考上大學，悲慟中遠赴台中就學，四妹孤小無助，兩個同齡幼弟小學三年級，懵懂無知，卻也知悉失親無依，竟相擁淚盡乾號，以至多日嘔吐不止，食不下嚥，無限戚戚……。

母親三十八歲守寡，更見淒愴，夜半無辜悲鳴，哽噎中流不盡心傷淚，令人心酸……。又生性膽小怕事、不夠堅強。

加上其自幼乃屬大家閨秀，金枝玉葉的在呵護下成長，實不堪風雨摧殘，嫁父後雖清苦……但身心有所依靠、依賴，自然無怨無悔。如今遭此巨變，六神無主……實不知何去何從。

父喪後，那親離友散的現實，加上寡婦門前是非多的種種無奈，使其瞬那間無依無靠，悲悽得沮喪、病倒，無助中精神恍惚，意志低落，不知如何肩負重擔……。

因此軟弱的母親，好些年默默依靠著父親病逝前友人急速代辦，那單薄的退休金支撐家用，加上我渾渾噩噩，懵然無知的跨入社會大染缸，進入工廠，勉強日夜加班，賺回來一千餘元……，那只夠添加菜錢的薪金渡日……。

曾經在那破碎的年月，孤兒寡母不再受鄰里尊重、愛護，可笑的原因乃母親是街巷中唯一的知識份子，又年輕守寡，招來無知婦人莫名的妒嫉及懷恨。或那無聊男子有意無意騷擾、挑逗。母親因此更不見踏出門外，孤單的守著兒女……。

更不再華服裝扮，神色憂戚，情緒焦慮不安，常以一副漠然掩飾自我的無主，整理家務時，又常見其佇足凝視，神思不屬……。

或許是一時無法由悲愴中走出，深邃的眼眸裡洩盡了了無生趣的麻痺，於是每天每天下班後，我守著她那……為思念哀悼的戚戚……和緩慢心碎的自我療傷……，只能神色憂戚的一旁等待著，盼時間能沖淡一切悲痛，我確信人的記憶是隨著不同溫度冷卻的，即使是喪父、喪夫的人間悲慟……個人……也不該意態闌珊，放棄對生活的挑戰……。

不管如何，人生總是要咬破蠶繭，飛出生命的暗礁，然後再作繭，再自縛，總是另一層次的苦痛，路經另一層次的蛻變歷程，才能飛越丈外紅塵……。

而今日無根無主的我們一家孤寡……活下去必須有更強烈的勇氣和生命力不是嗎？……

※　※

那年，望著孤小的弟妹，失魂的母親……我努力的成長、支撐、掙扎著。雖然才十五歲，初中畢業，三十七公斤……。

一個瘦弱，幾乎是發育不全，前後平坦……了無身材的女孩，但是在喪父的警鐘下，使我固執的昂首，倔強的向命運挑戰，更因血脈沸騰的因子和阿爸一生忠肝義膽，浩然心胸，滴血相連的糾結……。

雖然我也害怕、憂戚、不勇敢……加上上無兄長、母親軟弱、弟妹幼嫩，但是我明白……不能就這樣倒塌，絕不能自我癱瘓……。

心中記取阿爸一生拼不過命運的遺憾，對生命消散的不甘，咬緊牙根挺直了腰桿再次昂首蒼穹發誓堅強、勇敢，不再哀慟……。

即使是那麼單薄、瘦小，即使是那麼平凡、微渺……讓一臉一面一心的固執，讓倔強寫滿個性，於是未來的路徑是艱辛的……。

日日夜夜埋首工廠加班工作，薪金袋每月完整的交付母親，十年如一日……這份反哺的固執，是她悲愴中唯一的安慰。

雖因年幼在工廠裡受盡欺凌、壓迫……又因人緣佳多少受奚落、揶揄……但我從來不曾把心中的委屈帶回家中，添她無謂的困擾……。

單薄的自己……母親寵信，弟妹依靠，然我終究還是個半大不小的孩子……委屈時夜半偷偷咬緊被角……或掩嘴落淚。亦常奔向父親墓前哽咽痛哭……為現實無情、冷暖歲月傷痛……。

即使如此，擦乾了淚痕，邁入人群中的我……依舊抬頭挺胸……讓純真的自我……不虛不假認真的奔向每一個明天……。

三元、五元的中餐菜錢省下來當學費……計劃著自己的未來。

在工廠內我無心與一般女工混雜或閒話衣著、化妝品、是非等等，拼命利用時間學習有關電視調整、研究技術、設計改良等……第二年開始半工讀上商職夜校……努力的欲充實自己……。

這一路行來哽嚥著辛酸，爬過輕視、奚落、嘲弄，在大同公司TV廠整整十年的成長歲月，我苦唸了八年書……終於爬出了孤女的命運，那是一段多麼辛酸……難熬的漫漫長夜……。

※　※

記得是那孤寒無依的歲月，曾經有位「香港星探」……在我十六歲那年，有一天帶著重禮領著一位雍容華貴的婦人叩門而入……欲贈母親一筆錢，條件是帶我遠走香港造就栽培……

其與母親多次懇談……又經身份來歷證明，母親本欲答應，而茫然又孩子氣的我瞪著那欲培育我踏上星途的何媽媽……滿心疑惑？記得當日不知所措的被牽出家門……突然母親悲泣反悔，母女兩相擁痛哭作罷……。

一個瘦弱的我，一張清淡淨素的臉……雙肩沉重的負荷，已難演好自己的角色……生命的歷程是那麼堅澀難渡，我又何堪登場去揮舞於星光閃閃的滾滾紅塵？……

※　※

那，上夜校的路是充實堅苦的，尤其夜晚十點多放學，必須獨自走那一段長路，記得有一次……

一群小太保將我團團圍住於無人的角落……各騎著腳踏車橫衝直撞的逗著我玩……看我不願搭理，一票人更加囂張、跋扈、趾高氣昂的無禮挑釁……又見我沉默不語，更是嘻皮笑臉言語挑逗戲謔、舉動下流……。

可是，多年來的我……大浪小波翻滾無數的場面……遇此景心中雖怦然心驚，但對此票小癟三……一時的我面容了無駭色。

記得當時自己不露神色、正氣凜然、嚴肅、凌厲的眼神……炯炯的逼視著這群無賴，屹立不動的瞪著他們，伺機猛將手中緊握的算盤……刷！的一聲……由右手摔到左手，拉開馬步……擺開架式，昂高著頭一派江湖妹……聲色俱厲的喝叱著：

「你們是混那裡的？大膽！敢在大姐青龍幫頭上囂張？」

頓時，一票小太保愣住……錯愕的彼此對望一眼，慌亂無主的收斂了氣燄，張口結舌……一時不敢造次……雙方對立時……冷冽的空氣瞬那十分緊張，約三十秒的靜默……終於有人無奈的叫了一聲：

「閃了！……」一哄而散！

而我一時卻也汗流浹背、雙腿顫抖，於昏暈驚駭中……心有於悸的火速奔回……。

※ ※

原本我只是個沉默、孤僻、天真又羞赧的乖乖女，原本只活在屬於自己幻夢虛無的純真裡。年幼飄盪過的風雨，在父母的呵護下，不曾沾溼衣襟，嚴謹的家規，使道德、倫理、忠義、禮教它自小養成。

依傍著教養、天性及對生命的執著、從不曾迷失自己，從不曾放縱自己，但坎坷的生命歷程，卻讓我路經蛻變，再蛻變……。

不同的機遇，使我曾在社會染缸裡沉浮，是曾結識過一票江湖兄弟，也曾深入瞭解過年少誤入岐途，那曠男怨女的悲情，明白黑道上不同層次江湖兄弟的無奈。

眼見過廝殺搏鬥下喪命殘廢的驚嚇……。

生命中確實容納過黑道龍頭拜把的豪邁，鍊就一身忠肝義膽的執著，但卻是憑著自己一股凜然正氣，純真「交心」的豪情，懇切諫言的忠義，在那懵懂無知的年少裏，驚心動魄帶出了一票未滿十八歲迷失的江湖兄弟……。

卻不曾讓純真迷失在歲月裏，也不曾讓心靈染上一絲污泥，然在千錘百鍊的現實機遇裏，我逼自己茁壯、成長更豪氣……。

※ ※

是工廠，是夜校，是社會人群裏……有太多的仗勢欺人，憤恨不平，我一直認為人活著必須頂天立地，但也必須無愧自己，心胸豁達、堅忍是必須，但過份委屈就是軟弱逃避……。

記得當面臨著母親走過了悲愴，卻一頭埋進鄰居屢屢相邀的牌局裡……夜夜通宵摸麻將。

她在麻醉中迷失了自己，那種心疼絞痛……使我整整半個月，每當夜校放學，背著書包因尋母而守候在鄰家門口，任寒夜哆嗦……任大雨滂沱……以至固執的一再叩門，聲聲呼喚母歸……。

並尋聲入門，目光炯炯，神色肅穆的環視屋內的大人……小小的我不卑躬屈膝也不傲慢無禮……縱然白衣黑裙裹著的是此般瘦弱的身軀，但一股凜然正義的氣魄……閃爍於席間令眾叔伯阿姨汗顏，並掏出肺腑之言……替母親謝絕相邀，再尊敬

的恭請母歸……。

當時……年幼，雖不明白母親滿臉淚痕何因？我默默的躲過了其怯怯心虛的眼神，閃開了她羞赧的不安……縮進被窩裏……那，是個疲憊不堪的寒夜……。

※ ※

母親出生富裕，受日本高等教育薰陶，貌美、高貴雅致，自有其不同一般婦女的氣質風味，奈何與阿爸竟走不完人間一生一世。她那刻畫著著風霜、寥落和孤獨的臉……使我心傷。

記得除替弟妹擋住了玩伴的欺負、嘲弄……也常兇悍的替母親驅走無聊的騷擾、糾纏……。

無形中自我也在環境、遭遇下以不同的情緒轉化人生的際遇……。

※ ※

終於母親也走出了自我……邁向穹蒼下浩瀚的人群，經人引見進入王伯的「英日語補習班」任職……開始哆哆嗦嗦，羞赧不安的教授起日語。

那是母親勘破紅塵悲痛後，另一層次自我的蛻變成長，難得陌生初相識的王伯，在知悉寡母的遭遇及負荷下……竟引動其心腑深處那份柔情……如照顧小女孩般以他六十幾歲半生的歷鍊，全心懇摰的牽引著母親……一路步出憂鬱、頹喪……邁步成長。

王伯的風趣、豪邁、博學、仁慈中同樣帶給我們一家大小不一的恩賜、照顧……。

雖然開始多少對王伯的居心及殷勤關愛……我曾經有過強烈的抗拒、掙扎，令母親鬱鬱寡歡……使其不時淚眼簌簌而下……。是我勘不透自己對阿爸根植腦海的記憶，惡劣反彈……中傷了母心，實不知該如何自處……。

因此我隨同好爬向山峰，讓山嵐朝霧滌盡了心胸的濁氣……昂眺蒼翠群山，遠瞰雲河溪流……那峰迴路轉、青峰相望……屬大自然的幽奇奧妙，使我得以恬適寧靜……。

當日……放棄自己的塵思俗慮……漫步於迂迴山徑，又投身於浩瀚蒼穹……讓山野的空靈滌清心靈中塵世的俗凡……。

一路的思考反省……終於了悟生命並非斷滅，而是一連串息息相關的因果流轉……往者已矣，來者可追……何須執著？……

因此歷經三天兩夜……在山峰中攀爬，於星夜閃爍下臥宿山野平坡……欲下山時身心的輕快和一份難以言喻的靜謐感……使我泫然淚下……。

當夕陽西斜後，依舊的掛著沉重的背包，腳踏登山鞋，整了整腰帶上斜勾的軍用水壺……轉身向山嵐群峰告別後，我洒蕩的和山友們尋著來路，回歸人群……。

下山後掛著滿身、滿鞋的泥污……邋著年輕的囂張，胸懷一顆清澈的平常心尋訪王伯……。

在濃茶清心下漫談……

始知王伯隨軍隊來台，隻身離鄉背井，披荊斬棘，在其流浪的歲月裡……確有其三十年血淚辛酸的滄桑史……。

我凝神傾聽其滔滔不絕的滿腔憂鬱……，孤身一人的悲愴，思鄉念母的無奈和椎心刺骨的寂寞，不知怎的心中萌現嫁母心願……。

王伯將手中的香煙於煙灰缸中按熄，悵然中再次燃起一支……於星火閃爍、迷霧漫漫下娓娓細訴自己年齡已老邁，並不敢希翼婚姻，只求有幸得知音攜手相伴，共渡風雨歲月……。

而他坦言對母親憐惜有加及關愛真摯，並對我一家大小有緣有情，但不願見母親於結束一個悲愴後，再去承受另一個悲愴……。

於是我在心中響起一聲綿邈悠長的嘆息，一份震撼，那感動的情緒……瞬間掠過心頭。

心中十分感佩王伯胸襟的磊落，終於向他伸出友誼的雙手。也霍然對感情有明朗的開竅……

我何苦去阻擋王伯與母親那前世今生註定的緣份？而人總有權力選擇長長的人生道路……那屬於心靈的休息站……我想除了自己任何人都無權過問別人感情上的心路歷程……。

一席長談曲散後，縈繞不去的是一份愧疚……心中不明的抽搐、絞痛得淚水盈眶滾轉……。

一再的譴責自己，對人生層次不該如此之低，人確實應多存一份對萬事萬物的關注與付出……生命才有價值，心靈才能更健康不是嗎？……

另一方面我更有感於人的清高與否並不在乎職業、身份……而在於他的思想和情操。

於是，我學會了以平凡的眼光去欣賞體會不平凡的胸襟和感情，並不再執著……。

※　※

可惜！母親在兒女相繼成長各自獨立、有能力賺錢購屋，並各自南北回巢……欲奉養孝敬共敘天倫時，竟感染不明因素又無藥根治的絕症（紅斑性狼瘡）……

在病魔纏身下一天天虛弱……走向幻滅……

瞬時家中再次烏雲慘淡，無限淒悵，而母親病痛中，長期病床守候，關心照顧的……依然只有王伯……。

即使她不再年輕，即使她已漸老邁，在病魔折騰下是那麼迅速的失去了光采……失去了風韻，並不再嬌嗔，身心是那麼無奈的日漸破敗……幻滅……。

怎知，此時此景，王伯居然於心碎傷痛下欲求婚嫁，盼望迎回母親照顧……共相廝守殘破的歲月……。

是母親一再沮喪、無奈的拒絕，除了不忍其負荷……

我深知心靈深處她依舊守著一份對阿爸縹渺雲天……情義的執著。

※　※

記得母親撒手人寰時……

我正居南部鄉間一家螺絲加工廠灰頭土臉的認真工作，忽然心神恍惚的一分心，讓笨重鋼硬的機器絞住了左手……於昏暈呆愣中，竟還能冷靜的慌忙抽回手掌……。

瞬間痛入心扉的望著血漬斑斑的現場，痲木中對那血肉模糊、緊握的手發呆，在眾人驚呼慘叫下……心知不妙……

半晌……始勇敢的勉強攤開手掌，檢視自己的每一根手指是否依然相連……。慶幸除食指兩處縫補了幾針，及手背上嚴重的削肉撞傷外，並未造成殘廢，但此後手背上永恆的留下了一生喪母的烙印……。

當日療傷休息中……卻恍然驚醒……夢中竟是母親飄來相告而去……。

火速搭車奔回家中……母親已逝……一切真正幻滅成空，而當日午夜夢迴時，其竟然又魂魄回轉告知其周身冰冷不適……。

原來母親病逝後……正寄放於榮民總醫院那停屍冰庫之深層櫃內……無怪乎冰寒冷清……特來埋怨相告，令人無限唏噓……。

※　※

王伯知悉母親魂歸因由，痛心疾首，竟癡傻的日夜等待……盼母親有靈……魂魄相尋依靠，並守候著母親巨幅的遺照，煙香不斷……歲歲月月情愫依依……。

其一顆深摯的心，令人憾動心弦……。翩然回顧寡母……其一生情義皆有該也無憾……。

此心此情人間少有……母親的機遇使我終生記取。

王伯有情有義，胸襟磊落亦令我永誌不忘……。

十年來他……鬱鬱寡歡一直是孤單無伴的孤渡晨昏……可他終究還是破繭而出，真正飛越了萬丈紅塵……揮手而去……。

令我淚眼盈眶……無限唏噓，哽咽的再次昂首穹蒼……無語問天……。

心香三炷……敬其魂魄回歸天地……。

原載菲律濱聯合報一九九二年辛墾文藝社。

煙塵滾滾情

嗨！小哥……

急欲告訴你，除夕夜在此地一片寂靜……。

我呆坐在床鋪正中央……正以雙臂環抱著曲弓的腿……讓自己沉入一份清、靜、飄的境界……。

隨著躺在一旁……此封由故鄉捎來……你的信函……飄入煙塵滾滾的過去……。

一把飄浮的絲，每一根都牽引著一段回憶，一個片段，一個鏡頭……。

重新的，我急欲整理過往自己在感情的心路歷程……或許對你有過太多的愧疚、遺憾及傷害，使我此刻不安的在回憶中悠然嘆息……。

信中的你……竟依然想聽故事？還是我忠實的讀者？娃兒何幸？

一張簡單的賀年卡……竟讓你用顫抖的手開啓？依舊能牽動你的脈搏、心跳？……多久了？十幾年無音訊？……

好殘忍的我……兄弟！原諒我的任性……。

你……原來還是在水一方？曾遠飄美國進修？而今依然留在工學院任職教授？而？怎可能在今日依舊牽掛著那傷過你的娃兒？……

※　※

我老了！不再是那隻倨傲的金絲雀，不再是當年那匹桀驁不馴，叛逆的野馬，亦不再是過往瘦弱、清純的我……歲月無情……流走了些許生命中的無奈……卻也留下了永不抹滅的絲絲烙痕……。

檢視自我這一路行來片片段段情感的蛻變……依舊隱忍著心痛與矛盾……。

或許我一直不是個頂好的女孩，在感情上的心路歷程……一再作繭自縛，然又不堪約束，叛逆的想要飛越枷鎖，因此壘壘的傷痕總給自己留下了心疼點點……。

小哥：在那純純的年齡裡……我無意……不想呀！我需要寵愛，需要兄弟、朋友，但實無意也不想太早被捉進框架裡，不想被情困縛，不願被鎖入婚姻裡，更不想被納為私有……

因為當日平凡如我……卻一心想擁有繽紛燦爛、血淚拼洒，那自由飛翔、真切踏實的每一天……。

或許是性格造就命運，我以為無風、無浪、平凡無波的生命，並非就是幸福的全部，……也無法完全詮釋匆忙來去的一生……。

因此我是多麼小心經營、保護自己的感情，不願污染放縱。但卻一心包容並珍惜那純真、交心又歷久彌新的一份份兄弟情誼……。

※ ※

前年回台灣，見過一個個好朋友，我那一票鄉野兄弟，他們至今依然是我的知己好友，其中有你過往在乎排斥過的……如今劃過歲月、走過變遷……我依舊是他們每個人心中的嬌娃……依然有愛……但那是一種無言純純的情愫……。

※ ※

彩筆揮天，單身貴族的「希平」依然最忠實……如一家兄弟般與我徹夜清談後……竟決定了他未來的姻緣路，其與娃兒之間，存在的是何等的信、望、愛？……擁有甜蜜家庭、憨厚的「煌煋」……娃兒與他共織……是那綿綿的懷鄉曲，和年輕浪漫的清純過去……。

「知新」有情，這與我同年同月同日生的印尼僑後……是一位黝黑、曲髮、大眼熱情……任職高級中學的上尉教官，依然牽妻帶子奔向我來……。

聚首時，帶來我十七歲捎給遠征金門失意的他，那雖幼稚欲豪氣千秋的詩歌頌詞……這可愛的兄弟是那麼驕傲的炫耀人前，框夾小詩供於書桌十幾年……此心可感……。

「明輝」將我拉出回國進修的師範大學宿舍……硬塞MTV、KTV和最新年輕消遣的資訊予我，那一盤盤一碟碟豐厚的日本料理……惜已難餵養十幾年來清素淡塵的我……。

※ ※

記得在一家鋪陳雅致、年輕格調的咖啡屋……「明輝」真摯感性的瞪眼……深深的研究我……

半晌！表情錯雜、認真吶吶的啓口……

「小郭！老實說妳是我們這一群兄弟心目中的公主……以前是……現在是……將來也不會變……。」

好感動！好感動的我……吸吸鼻子……一手掩住泉湧的雙眸，強忍住心中的激情……對這份溫暖、真摯的話語……我將一生記取……永遠珍惜……。

人世間有些種情……一生擁有一段、一次該已無憾……。

明輝於室內柔和的燈光下，溫馨的感言：

「小郭：我知道大伙兄弟一直都很喜歡妳……都盼望……卻不敢冒犯企圖擁有妳……。」

「但……我實在佩服妳的魅力，數十年來……周旋串連於我們大伙之間……能讓兄弟們心靈中在乎、無奈又牽掛……至今不悔……。」

精明能幹、高挑、洒脫、白皙的明輝……如今在商場上頗有戰績，本不易動情，竟傻氣的望著我說：

「我想今天我需要問個清楚，當年……年少時為何妳偏心『明宏』？還有一位出色的圈外人？若不是如此……我絕不輕易放過妳……。」

驀地……雙頰嫣紅的我……堆滿盈盈的笑意，不知如何應付他那一時的激情言語……。

不對！不對！不可能在走過了千山萬水，歲月流逝一大半的今日，再來加減娃兒感情上的天平……不是嗎？……

畢竟劃過漫長的歲月……大伙都已各自婚嫁……並不再年輕……然對「明輝」其個人的才華、能幹和那股與我幾近相似的叛逆……我依舊欣賞，默默搖了搖頭……靜靜的拍了拍他的肩……我竟無言以對……只能傻笑……蹙眉、聳肩又皺鼻……。

※ ※

小哥：這一群來自我童年鄉野的伙伴……單純、善良、熱情……他們是我一生的兄弟，一輩子摔不掉、不願離的影子……那種溫馨的情愫早已劃過骨肉親情……。

這票兄弟都相當優秀，各有各的才華、長處，如今都是社會才俊，各自揮灑在屬於自己的一片天地……也是我無法割捨的煙塵知己，他們與你一般來自永恆，伴我走過愴傷成長的漫漫昨日……。

我已不再是個十七、八歲……過往那稚氣任性的女孩，歲月成長了我，年齡蛻變了我，婚姻也改造了我……而竟能……竟還能保留了兄弟們對今日已步入中年的我……那依然不變……不悔的寵愛、忠心？……娃兒何德何能？……

至於「明宏」……當日與你一起共織了屬於我那……初戀情的男孩，在年少的歲月裡……燃燒過的……原來只是一片如詩如夢……不真實、捉摸不住的虛幻過去……。

前年回鄉，我再次踏足台中與其見面……
不是去追尋往日情懷，也不是想去證明什麼……一切是當年景，但不再是當年的情……劃過時空……深覺人生是一條迴旋的道路，有時候它的起點，也就是它的終點……。

而人實在無須……也不能因「緣」生「恨」……人與人之間不論是何種的緣牽？何種的結局……時過境遷，怨懟必須化解……雖然一切灰飛煙滅，但真切無法逃避的……是躲不過的「曾經」……。

「曾經」令我在不成熟的昨日……欲追隨一生的除了他是你……。

※　※

點點過去，依稀記得的我……那年該只有十七歲……懵懂無知、意氣飛揚……卻是個不馴、執拗、坦率又囂張任性的女孩、那真是個敢愛敢恨倔強的娃兒……。

在悲愴的歲月裡辛苦掙扎，昂首抗拒命運的唾棄……那是個無可奈何淒涼的歲月……。

是在差不多的時空裡，同時認識了你，重逢了他……。

芸芸眾生中，人的緣份和機遇實在奇異，不論是那一種情愫對當事者來說，能彼此認同於茫茫人海，那是種別人無法透視的「印記」，牽引了兩者的「有情天」……。

而當年承受兩份同樣的眷戀情深，百般呵護……溫馨浪漫的溫情詩意，那份沉重心靈的負荷……一時使我迷失、困惑……陷入那深深切切……無邊無際的迷惘裡，使情竇初開、稚嫩成長的娃兒不知如何取捨……兩者比重亦難分軒輊……。

戀愛的感覺在風中、在笑聲、在天真浪漫和無言的寵愛中……交織的是兩份同樣優秀、癡情綿綿的人影，而我又飛奔在怎樣無奈的抉擇裡？……那又是個怎樣茫然的自我？……

※　※

白衣黑裙、清瘦、短髮……高一的工讀生……。

剛開始飛越年輕……認真的盼望在未知的歲月裡昂首努力……。

喪父的驚嚇使我由孤僻、沉醒中甦醒……是那麼的熱烈營生，欲追求生命的燦爛、輝煌，更盼望小小的自我……終有一天能發光生熱，能光輝自己照亮別人……能不虛渡一生來去……。

於是那是個陽光的女兒……山的情侶，海的癡迷……瞪著自己迷迷糊糊……卻晶瑩坦率的雙眸，是那麼不自量力……企圖熱情的擁抱大地……。

※　※

年少的我……讓T恤、牛仔褲、嬉痞袋……加上一雙雙快樂的布鞋，一逕的俏皮，一貫的不馴……飛越了屬於我的燦爛年少……。

回憶當年孤小的年齡……邁入寬敞、雜陳人事及是非恩怨的工廠裡……刻板無趣的員工制服……卻讓我穿出了繽紛七彩……年輕的亮麗……。

一手掩藏著課本、小說……一手握著電阻、電容、變壓器……滿廠飛奔的是我……有狂、有傲、有淚、有汗……但滿心充塞的是天真純潔……真真切切的努力……。

夜晚晃進燈火通明的校園裡，是年輕的頑皮與叛逆……我那攔腰偷偷捲高幾寸……露膝的學生裙……永遠讓愛訓人的巫婆教官滿園追罵……更一再譴責我那短削齊眉──「奧黛麗赫本式」……不循理路不遵校規不乖的學生頭……而又無奈於當年我那……年輕英挺的級任導師（寵愛我的導師乃校長的弟弟）他那嚴重偏心的袒護，迫使巫婆教官更加憤懣、搖頭、百思不解……尤其無奈的是……瞪著我那一張各科一貫優秀的成績……。

※　※

是的，是在那陽光普照的日子認識你，邂逅了他……。

一般的年輕，同等的學歷卻都為了娃兒的歡喜，再次捧書努力……。

尤其是你，放棄一票享樂貪玩的哥們兄弟……收斂往日吊兒郎鐺年少輕狂的心，一路奔向「師大」那奮發向上的漫漫長徑……。只因我那衷心懇摯的鼓勵，真心誠意的期許？……

而明宏他毅然霍地轉身，放棄成群結黨廝殺搏鬥……那屬於王者的叛逆不馴年少，帶出了一票江湖兄弟，毅然決定……再次捧起書本充實自己……只因我那坦率的諫言及那嫣然的笑語……。

當然小小年紀的我心中十分清晰也明白……我懂……你們都想也願為我編織美麗的人生，更期待能在不久的明日……許我一個幸福美滿的將來……。是真實真心為一臉堅毅，拼命掙扎成長卻如此瘦弱不堪、單薄的我去努力、去奮發、去企圖改變自己、營造未來……。

※　※

回溯……記憶的軌道裡，年少的心聲再次鏗鏘響起，或許那煙塵滾滾情，早已隨著緣起緣滅……消弭於無形……。

而當，心中再次響起……那份抹不去的「曾經」，依舊令我雙眸噙著晶淚，痛徹心肺……。

真真切切……在芸芸眾生中與我同步過一縷情絲及成長歲月的還有誰？……

「還君明珠，淚雙垂……。」

霍然揮手離去，是我一份隱忍的負心淚……。

在那年輕的歲月，或許你缺乏的正是一份抗拒風霜的粗野，一份穩健的堅決，才使我躊躇不前，心中徘徊再徘徊……。

雖只是十幾二十黛綠年少，不成熟的歲月，我卻也曾認真的思考過……姻緣路上究竟何人能相隨？……

小哥：但那絕不是當年純情浪漫……無風無波……一逕真摯情濃卻不夠堅強歷練的你……。不願欺瞞一生再來揮洒負心淚……，而又不能回頭讓感情停留在「莫逆」……，或使它停留在一般「兄弟」，那麼「抉擇」的命運只有離去，只有放棄……。

※ ※

至於明宏……當年是一份摔不掉的癡情，該說他是屬於俱有兩分邪氣，三分聰慧，四分驕傲，五分江湖氣，壯碩、高挑、閃亮的男孩，那雙眸閃爍著另有一股屬於我前世熟悉的溫情……，那是一份十分強烈，屬於親人故友……一生不滅……清晰的「印記」……。

然而他那精明善妒的母親，卻認為娃兒太過清麗飄逸、瘦骨無肉，斷非祥瑞富貴之貌，除有嚴重的門第之見，又嫌那賓母孤弟嗷嗷待哺……竟否決了我……。

當日一顆敏感青澀的心，瞄見明宏驟然出現一絲躊躇遲疑……不夠篤定果斷，並不具成熟擔待的男子氣，又不能面對現實，一味無助的逃避……此景此心……亦非娃兒一生真真切切的尋覓……

冷眼旁觀……揣測三思後不再猶豫……毅然的隱忍著心傷淚……還君明珠……翩翩轉身離去……。

※ ※

前年台中與其再相聚，已是歲月迷離，恩怨消去……。

見過他那陰沉無語……竟然是此般瘦骨嶙峋的妻……？

我依然自然洒盪，俏皮溫馨的稱謂他好兄弟……。

瞪著我一逕的洒脫、囂張及神采奕奕……他竟一時不信……彼此早已飛越……走過十幾年歲月的足跡，如今一切已成化境……。

人間什麼都賣……就是不賣「後悔藥」……，對喚不回的情……煙滅的愛……「抱歉」和「對不起」不再俱有任何意義……只徒替那……綴著人生悲喜及坎坷的命運……加上一份惆悵，添加一份滄桑……不是嗎？……

也曾見過「明宏」那挑剔的媽咪……在她蒼老褪色的雙眸裡……竟一時寫滿了滄桑和孤寂……不覺使我心中響起一絲心酸與無限的憐憫……。

忘不了的是相逢時……瞪著我……瞬那間她那股眼神中訕訕的笑意，喃喃失意的訴說屬於兒子那……不合的夫妻，不睦的婆媳……。

於是不平的情緒，使我昂首穹蒼，默然長噓……。一份蒼天下的離奇，竟然是如此化解了彼此的怨懟心虛，誰說這不是一份最好的結局？……

※ ※

而今牽著我邁向三生石上鐫刻的「印記」，是一雙穩健果敢的碩臂……。他，並不高大的身軀，卻有股屹立不倒、傲岸非凡的氣魄和傳奇。天生性格低沉的嗓語和黧黑的皮膚，一起閃爍在雙頰的劍窩裡……。

認識他……這大我六歲相剋的伴侶，當時我再次捧起學校的書籍，固執的充實自己……深切的明白生命的足跡……是靠自己不斷的努力，才能日新月異……。

當由煙塵滾滾的滄桑中成長，再次望向芸芸眾生的我，不再只是瞪著晶瑩的雙眸無辜的悲泣……，我學會了用心去體會萬事、萬事……並隨時保存自我的一份閒雅，及一份樂趣……真心真意的寄情天地，重新的去領悟生存的意義、去發覺生命的美麗……。

於是我，依舊是陽光的女兒，活躍在海的懷裡，山的裙裾，使天真燦爛真實、坦率的笑意依然從眼裡、鼻尖、嘴角自然的流洩在對天地萬物的感動裡。……

而他，是踏著成熟、世故、滿臉風霜……和一絲隱隱的江湖義氣，迎著陽光奔向我來……。

一同走過悲傷和憂鬱，跨過奮鬥和孤寂……一切發生在無言的默契裡，於是，於是生命中不再有猶豫……。

而其實我的伴侶，也是我一生的兄弟，並不傳奇，他亦是我平凡、踏實的知己，能包容屬於我生命中的任何離奇怪異，以及我所有的兄弟和我那永恆不變真切坦率的孩子氣……。

他有個人的才氣、風霜的過去，我們只是一直分享著彼此生命中的驚奇……就像朋友、兄弟、師生、知己……。

彼此依賴的情意……是一股綿綿平靜的溪，姻緣路上結伴同行……卻是兩人深深的期許……那是份溫馨的相聚。……

小哥：我以為愛情最可貴的除了真誠還有永恆……夫妻最重要的應該是心與心的共鳴……這種情凝結成一種共生的生命力，那溫馨的感覺就像喝下極之香醇的陳

年佳釀……。

我以為楓葉經霜才會紅，梅花經雪才會香……夫妻也是一般。愛情可以突然發生，而婚姻需要時間經營，愛來了……愛去了……可是深厚的諒解與體貼才是夫妻間一輩子的大事……我依然不斷的在學習……。

是的！小哥！我真的長大了，依然是匹狂奔的野馬……只不過奔馳在不一樣的時空裡，但同樣的是以一貫不變的坦率、真摯的情愫迴盪在生命的天地裡，連續著不滅的……屬於娃兒那滾滾煙塵情……。

感謝你……真心謝謝你歷經十幾年後……心中那滿滿的情意……依舊的關心……以及出現在娃兒生命中……那份永恆的「曾經」……。我將一生記取……永生不忘……並將好好珍惜屬於我的每一段情意……。

原載菲律濱聯合日報 1993 年二月辛墾文藝社。

人　間

面對著「人間」這種縹渺的題目，我陷入茫然，也久久不能下筆，廣大無際的宇宙有太多非人力可以思考、追尋的事與物……

天、地、人三才並立於博大的空間，而人間確實有些不能理解，虛幻的事故……例如神明鬼怪者應該順其自然，並無須刻意去尋求解答……能一切隨緣也就心安。雖佛家有言：人乃三世因果……但畢竟我們看不見來世，望不到前生…而故只有珍惜此生現有的一生一世……。

來到「人間」是那麼偶然又奧妙，不管天地間是否冥冥中有萬物的主宰？父母辛勤的哺育、教養，使我們由無知進入人間並跨進社會都是一份恩情、摯愛……都該好好感恩珍惜並努力……。

而既然輕輕的跨入人間，走入人間，如何不虛此行？……其實萬物都是空，一切領悟開了……只有笑傲人間罷了……。

生、老、病、死就這樣在人間交織不停……

默默無聞、不痛不養的人就這樣走完一生，腳踏實地、兢兢業業之人也過一生，到頭來都是由這一頭走盡了那一頭，一切也空……沒帶來一絲，也牽不走一物，因此看開了人生……人有時也會笑盡人間的貧、苦、悲、歡……萬般皆空，何須執著？

……

依據發展心理學的研究人到世間至十三歲左右 由於心智、理智的發展漸趨成熟，思想富於抽象思維方式，又眼見宇宙的浩瀚，再見忙碌的人生及自己的渺小，自然要追問生活的目的為何？……生命的意義安在？也會開始探討人生的真諦，想瞭解人間之悲苦……於是無形中要為自己確立一個長遠奮鬥的目標也就是處於人間尋一份活下去的理由……。

活在人間……有人於邁向長遠目標的過程中……成功了沾沾自喜、洋洋得意……失敗則悲憤、自棄……。學者尼采謂：

「參透為何，必能迎接任何……」旨在告訴我們任何人祇要透徹地參悟到「人類生存的目的為何？」那麼……再大的困難、失敗都可以應付面對。

「人間」有知有覺的就是那麼「一生一世」如何真切踏實的對自己的人生交出一張完美的成績單？也就是如何在人間渡完一生中的無憾無悔？過得心安理得？使生命在整個人間歷程中過得最具價值？生活得最有意義？這正是人生最真實的哲理。

而人如何在短暫的一生中看穿人間生、老、病、死的自然與無奈？無懼的去追尋真、善、美的人間佳話？如何在自己有生之年活得像蠟燭般默默犧牲自己，造福別人？……

我以為人生的真諦，人間的真理就是從短暫中求得永恆，從平凡平淡中求得驚奇，只求萬事心安踏實，並為人處世但求擇善固執，安份於自我崗位，努力造福萬物，學習個人的博大，放棄小我的執著，則一切即得平安，也不虛人間一回來去……。

我只以為莫辜負人間相聚，莫白費人間一生一世，寧可活得像蠟燭般偉大，不可浪費了一生……人間就是有再多的悲、歡、離、合，生、老、病、死不是也就這樣自然交替不息？而人何懼有無生死？何苦自憐自悲？平白錯過了人間蠟光燭火的一刻？莫執著、莫傻呀！朋友！

原載菲律濱聯合日報一九九二年辛墾文藝社。

萬里情牽

法國小說家雨果說：「從我頭上看來，已到冬天，可是在我心中卻是永恆的春天。」雨果就是這種「青春不老的人」……

而「行萬里路」的文藝界老前輩……一個早已邁入古來稀的「年輕人」施青萍施老前輩……就是菲律濱的雨果……同樣擁有燦爛的陽光與滿懷的情愛……。

他讓人感動之處……是自我一生的認真與執著……一個知道自己的路向，懂得自己的需求……明白自己一生的最愛……清楚自己想要如何，須要什麼……而也懂得腳踏實地、光明磊落的去爭取去建設……拚命的去耕耘去開荒……去享受去擁有……如此一個坦蕩蕩的君子……一個活得痛快的勇者……世間少有……我敬佩他。

細讀他的『行萬里路』讓我由衷的敬佩與喝采……一個活得認真，活得精采的勇者，他的一生無愧天地……由書中進入他的心……進入他的情……進入他的悲喜歡樂……真是精采絕倫……一個懂得生活，懂得活在當下……而能讓自己活得出色，活得陽光的人……他絕對是一個充滿智慧與能力的強者……。

是的！就如無名氏老前輩所言：散文大致可分八大類：清談、妙悟、幽默、諷刺、感懷、抒情、記敘、寫景等等……。

而青萍前輩以記敘文為主，以遊記見長……

遊記在文藝界無論是寫或觀……總是最辛苦……最不討喜……屬於「爹娘不歡，眾人不愛」的苦文……而他卻能行雲流水，精采多姿的在文中包羅萬象，輕鬆書寫，讓書中有情有愛有義有忠……其文采總括了地理、歷史、天文、政治……包括了清談、妙語、感懷加抒情……如此的風光十色……真是生趣盎然、內容精采、妙語如珠……當然文筆精練自不在話下，可敬的是他個人確實博學廣視、觀察入微……讓人由書中跟著成長跟著獲益……一邊閱讀一邊為執文者的博聞廣見……搖頭贊嘆……。

一個文藝作家隨筆散文容易……寫遊記實難……菲華文壇中的遊記作家、作品不多……能寫成如此境界的雖不能說絕後……但確屬空前的僅有……。

智慧不只來自書本，它也來自生活……一個人要能在平凡的生活中掌握時代的脈搏，啓動國際的新視野？談何容易啊！若無行萬里路的豪情……若無看萬卷書的胸襟……若心中無情無愛？如何筆墨於天地之浩瀚？……宇宙之博大？

青萍前輩看似溫文儒雅……其實熱情內斂，個性率真而不失穩重……眉宇間閃動的是一抹頑強不屈的堅定……那是見過世面的成熟以及不落痕跡的殷勤……讓人與之相處自然安逸……。

歲月的砥礪磨練，讓他人前人後看起來穩定有力，令人信服，凡事似乎都能俱有成竹在胸，勝卷在握的果敢……其人觀之絕非等閒……。

他一生除博覽群書，樂山愛水，環遊世界外……認真耕耘於事業、文藝……細心經營自己的感情、家庭、生命……是一個能肯定「生命的意義」及「生存價值」的鬥士。

他一生的情愛也屬波折……可！慶幸萬里情牽的伴侶……兩人鶼鰈情深，知心相惜……共同攜手人生……好不痛快……一對讓人羨慕的神仙眷屬……萬里情牽的走遍大江南北、東征西討，雙雙振翅高飛……。

如此情深的相依共守……無怪乎好山好水……書寫出好文……。

讓「行萬里路」一書觀之……字字看去皆精采，篇篇好文不尋常……。

我想……人與人之間無論是夫妻、兄弟、父子此生能因緣會合……相聚共守一生……絕非偶然……無論感情的路是否順暢……彼此都該好好惜緣珍愛……。

每一個人都有屬於自己一生的情牽摯愛……都有屬於自己的一片有情天地……如何包容萬事萬物……以平常心博愛眾生……放過別人的不足……也是尊重自己的不完美……。

一對美滿夫妻從雲端走到地面……實實在在的面對生活……認真的行萬里路寫下萬里情牽……字字鏗鏘有力……讓人感動……再一次給予這對一路並肩邁向未來，攜手陽光下的恩愛夫妻真心的喝采……。

但願青萍夫婦萬里情牽的同時……頭抬得更高，背挺得更直，步伐邁得更穩更健……也將更昂然堅定自信……讓「行萬里路」之續集，路行得更長更遠……讓生命更美好！

原載菲律濱聯合日報二〇〇二年四月五日辛墾社。

思想起
——新加坡文學之旅——

不知是何種力量促使我依然堅定的在心碎、驚恐中孤獨的展翅飛向星島獅城……？

思想起……

『女作家與新世紀』、『女作家作品中的感性世界』……

兩篇論文讓我苦思了兩個月，掏心掏肺的一星期趕稿……真確的敲壞了兩部電腦……

出國前一天自己的手機被奪……小女兒歸家半途……被一菲漢持刀追逐、威嚇搶劫……

出門前夕，半夜三更……突然！『床頭燈』奇異的出火燃燒……，使我一時陷入情緒的低潮，極端錯愕、心寒的……是不解？心頭的不明？為何燈滅並非燈絲斷？不是單純的電線走火？而是一種從未見過的，突然間火燒床頭燈？……是那種整個的起火燃燒……？是整個燈座、燈泡一瞬間全然燒焦、燒毀、燒黑的奇異？那是一種不合邏輯，很詭異，是一種讓人深覺不吉利、不吉祥的不舒服感？……緊接著滿天星空突變？一陣的狂風暴雨？而後是瞬間的靜止、熄電……

於是我沉默！在黑暗中沉思！在連連的惡訊中告戒自己：NO！任何狀況我絕不放棄飛越星島！一定不放棄對別人的承諾……就是飛機可能撞毀、粉碎……，我也將義無反顧……絕不背信食言……不悔！是的！絕不反悔！我深深堅信任何危機預兆也就是轉機的信號。

緣起……

因為……就像臨出遠門的小女孩……我背負著長輩們重重的期待，沉沉的囑咐，還有盈盈的關懷……

真不知是何種緣牽？菲律濱華文作家協會會長吳新鈿博士與夫人林秀心女士，當我一頭栽進華文作家協會……就這麼一路細心的呵護，灌溉著我這株作協的幼苗，文壇的新秀……他們夫婦就像善待自己的兒女般，一路細心善導，點滴指引，期待著後輩的成長……除看重，並用心選派我為此次文學講座之唯一代表，替我的新加坡文學之旅如父母，如師長，如親人般……是那麼親切、關顧、齊全的認真準備！全套打包……

重重五十份整版的『亞細安女作家座談會』「薪傳」專輯、會旗、活動單行本，還有聯絡接機、照顧……樣樣齊全的安排……會長吳新鈿博士賢夫婦專車親自來訪，

屢屢的懇談，慎重的囑咐，細心的交托。會長夫人秀心女士更是慈母般的叮嚀、依門的盼望……一路電話的追隨、關懷……。

還有獲知我派往新加坡參加『亞細安女作家座談會』的聯合報主編施穎洲施老前輩，特別在我登門拜訪，求教他有關菲華文學近代史時，那一堆新舊書籍厚厚的相贈、熱烈的傾談、資料無私的供給，加上一路的鼓勵、安慰、器重和那絲絲切切……親愛的維護。

還有自己的學校，中正學院院長施約安娜女士溫馨的關愛，真誠的祝福，和藹、寬容的鼓舞。

亞洲華文作家學會菲分會常務暨耕園的主編陳瓊華女士『小華姐』熱情的關愛、寬懷的建言……

資深名詩人謝馨及名作家張琪姐豪氣的贈書，辛墾文藝社社長葉來城『白凌』夫婦親切的關心還有洪仁玉女士『幽蘭姐』溫馨熱情的肯定與祝福！

各方文友、長輩們以及遠方的知己、親人屢屢的關愛，讓我成行的包袱拖拉得好沉好重……

一路相隨的是吳會長那『從容切磋』、『載譽歸來』的祝福！及夫人秀心女士歌誦的『亞細安光燦不泯，內在不屈的力量』……

不一樣的心！不一樣的情

飛越萬里重山！一跨入新加坡！就立即發現……

新加坡文藝協會的每一位職員，心情都是沉重的！幾乎由空氣中可以敏感的嗅出，他們都懷著不能鬆懈、緊張的壓力！認認真真、實實在在、兢兢業業！同心協力的在亞細安女作家座談會主席暨南洋初級學院院長馮煥好女士「何濛」的主持下，一心只盼完美的辦好此次講座。

當然稍刻！立即讓我感應出隱藏背後的，其實另有一雙策劃活動、默默等候，無比關懷，推動搖籃的大手，此乃「新家坡文藝協會會長駱明前輩」。

從地主國新加坡慎重、豪華的接待各國代表中，充份彰顯出他們此次對講座的寄望是不一樣的心，是不一樣的情！此心，此情是光燦的，是沉重而懷有特殊史命感的！

此行三夜四天！每個亞細安會員國由各該國團體推薦代表，邀請會員國女作家一位，全程招待！包括來回機票、膳食及酒店住宿《負責來回機程之舉，乃首創先例》。

可見新加坡文藝協會在改進！想變！想飛！它確實想打出『濃縮、精緻的正字招牌』！想改變前次『半觀光性的旅遊座談』，一心求濃縮！求精緻！也要求品牌！他們不鋪張！不浪費！不遊覽！不求熱鬧！集中財力物力，全套「機票、住宿、膳食」招待各亞細安會員國的唯一代表，除減輕赴會者負擔，同時相對提高講座的品質，要求完善，此舉令人由衷敬佩、喝采。

但條件不說自明，各會員國更須嚴格指派，能寫會說的文才武將，乃具有實質內涵的女作家參與盛會。

當然！地主國新加坡十分器重這一次的講座，也熱切盼望各國代表能有所表現，有所成績，有實際成效的彰顯。能帶動他們學院的學生，能活躍新加坡的文壇。

每一國家代表由新加坡安排主講兩場，一場在學院，一場向各界公開。主題：一・女作家與新世紀。二・女作家作品中的感性世界。

陸續登場的各國代表，一一入住高雅堂皇的富麗華大酒店，老實說：除了講座來回的接送，一切的活動都在酒店，故從踏入酒店開始，後學幾乎沒有機會，也無心正眼瞧過新加坡那美麗的朝霞與浪漫的黃昏、還有年輕亮麗的街景。

默默的守候

幾乎每一個代表都沉默！默默的守候！靜靜的等待上「文研戰場」……

第一場講座安排：是四月十四日，包括新加坡地主國，六國人馬兵分兩路。

派往『先驅初級學院』的是「汶萊」留台同學會寫作組秘書，乃資深能幹的名作家「煜煜」也就是『李佳容女士』，代表「新加坡」的是國寶級人物，乃國際出名作家「尤金」本名『譚幼今女士』以及代表「菲律濱」的我。

派往『南洋初級學院』的分別是「馬來西亞」馬華作協出版主任兼主編，乃出名的專業前輩作家「李憶莙女士」。「泰國」代表乃泰華文學研究會執行理事兼主編「洪林老前輩」。還有「印尼」代表，乃印尼資深的領導作家「明芳前輩」『徐小民女士』。

那天！當十四日朝霞初露！各國代表磨拳擦掌的同時，亦默默的等候同赴戰場……記得兵分兩路的一刻！彼此情深意重的握手，互道珍重！那份文人相惜之情十分溫馨感人！

話說各國代表，幾乎都是舉足輕重的「國家級人物」！也都是各該國知名度的作家，每一位作家前輩都有長長一大串的優越成績單『有的出書上百，有的文壇戰績輝煌』，而是乎只有我「修如」郭錦玲看起來最最年輕，最最單薄，幾乎沒有足可炫耀的個人成績，捧得出來的成果……內心實深感羞愧！

可！在代表群中這一路最受關心、寵愛、照顧與享有特權的（乃不食葷肉魚腥之特權）……是我！一個平凡！平淡！平實！無奇的我——修如。

一個受新加坡文藝作家協會，會長駱明大哥唯一專車機場接送，沿途不忘介紹獅城，並一路相隨護送。人前人後又不忘誇獎、讚賞的……這他從未聽過！一點也不出名……陌生的修如。

一個能與他！六十好幾的駱明前輩一見如故！滔滔暢談古今，願傾聽他一生心酸苦痛，能與他共論文壇紛爭，同體作協辛寒，明白文人相輕、人情淡薄的悲憤！這……不曾出現江湖……來路堪究的我。

一個能默默守候！靜靜凝聽！能為擇善固執的駱明老哥拍案、拍掌叫好……一個持齋素食二十年……文友戲稱不食人間煙火的修如。

一個可讓駱明會長捧著一大冊『修如文稿』，深夜勤讀三思，又一再囑咐可整理出書……一個認識僅三、四天的修如。

一個受新加坡文藝協會，駱明會長當眾多次公開，戲稱為『菲律濱作家協會吳新鈿會長的得意弟子，得意門生』那默默守候素食齋菜，清淡中……能見真情熱血的修如。

苦苦的備戰

思想起……愁眉不展！心頭的憂鬱！

思想起……難卸難化！沉重的壓力！

思想起……不能洩氣！徹夜的無眠！

只因『先賢首戰』，絕對應該，必須成功！只因不能有愧菲華作協！更因有感『新加坡文藝協會』的熱切寄望，只好讓自己陷入苦海！陷入憂谷！

於是徹夜未眠，與同寢室的印尼代表那充滿愛心的明芳姐……彼此鼓勵，互相安慰，默默的各自守候著自己的心！自己的情！醞釀著備戰前最佳的情緒。

即使是我！一個身經百戰的老師，一個從不失態怯場的教師，面臨即將面對『先賢初級學院』的一大群大孩子，我不得不陷入深沉的苦惱……該給啥？如何給？是否恰當？能否帶動？於是沉沉重重的壓力它緊緊環抱著我的心！我的情！

相信印尼的明芳姐此行最難忘的，除了購書時豪氣的暢快感，應該就是我……一個抱著棉布小熊出國、入睡，能默默等候，能滔滔暢談，活潑亂跳，熱心、熱情歡笑連連的修如。

首戰先賢

話說當日一入『先賢初級學院』！長長的黃布條，寫上長長的歡迎！長長的人群，盪漾滿滿的歡心！寬敞的大禮堂，兩校合併滿座的師生……該有三、四百人。（或四、五百人？）五、六種不同顏色，創意盈然的古典設計！將先賢初級學院的宣傳單製作得很非凡！

內容有講座的基本資料，有時間安排的計劃刊登，及代表作家詳細的資料。這是我一跨入先賢，最初獲得的五彩禮物，還有他們在各報刊所登出的大幅宣傳稿，處處用心，頗令人感動！

進入『先賢初級學院』始知院長乃我同宗，是一位新加坡最年輕，聽說還是頗有知名度的青年才俊，郭毓川郭院長。

當一見面！我即大膽不客氣，不客套的馬上請教院長，開辦講座最大心願為何？面對其所招集如此龐大的師生群眾，到底期待能有何種反應？

是的！先賢初級學院的院長懇切認真的告訴我：「寄望能從此次講座中提高學生對文學的認識，促進他們對寫作的熱誠與興趣，從而在學院裡帶起一股健全的創作風氣。」

創校於新世紀，才一歲多的『先賢初級學院』，年輕的院長熱切盼望他的學生，將來都能為新世紀帶來新的曙光，他說：「校名『先賢』乃是企盼在二十一世紀裡以高度創新的精神，在各方面開拓新的領域。」

郭院長熱切盼望學院的學生「能通過今日的講座，吸收到豐富的創作原理，使其在今後學生的作品裡，能更上一層樓！」

哇！好辛苦！好堅難的任務呀！真屬高難度的文學講座！可！當下我十分敬佩郭院長在如今的現實社會中，依然能擁有一顆對教育、對學生、對社會，對人性如此率性、純樸、可親的熱情，當下我願傾力效忠。

而也就在同時我才知悉，新加坡國寶級女作家尤金大姐，因其乃是『先賢的重量級教師』，故今天不上台講演。而同行汶萊代表煜煜大姐，一路車中早已叮嚀再三，此行她誤會講座性質，故並無充份準備，盼我能獨挑！獨攬重責！

三思後！我決定讓汶萊的煜煜先出場，自己殿後。

整場的講演我改變作風！有效的引起動機，先提高學生滿場的歡呼與熱情，再以幽默、風趣、逗笑、詼諧的話語活潑、生動的帶領這群被迫出席捧場，本也不期待大太陽下有何新鮮事的大孩子，那顆「真摯的歡喜心」。

慶幸我早研究過新加坡學生華文程度的水平，明白他們可以充份聽得懂我的國語（普通話），於是當我帶入主題時，同時小心的營造氣氛，隨時觀察反應，並隨機改變話題，同時適時的鼓勵學生愛國、愛家、愛自己。

當然也同時肯定新加坡國家的美好！先賢條件的優秀！重視家庭幸福的重要！更讓他們瞭解菲律濱，瞭解我的學生，明白我們讀書環境的困難。寫作的艱辛。

而當整場的學生聽得目瞪口呆的同時，適時的我也喚醒他們，必須三思勤學努力的重要！華族為文寫作的必須，與創作過程的痛快！

效果到底如何？我不甚清楚！只知道我真的很誠懇、很真心、真情的將自己承現給整個『先賢』！整個人群大眾！面對有感應！相當震撼、興奮、笑聲連連的學生！我只知道我所應用的引起動機，及臨場率性的講演，懇切的鼓勵，確實有效的撼震，帶動了全場的師生……。

我只看到人群裡，舉足輕重的尤金大姐滿意的笑容！駱明大哥連趕兩場中途始到，但他在場時那滿臉滿心的笑靨，還有郭毓川院長的眉開眼笑，我終於也能稍稍放過自己的心，自己的情……。

接下來面對答不完的學生臨時發問，我終究很慶幸自己是個活在講臺十幾二十年的教師，一個小場面擔心，大場面還稍能鎮靜的怪胎……！

終場貴賓茶會時，那一路被細心觀察的駱明老哥搖頭宣稱「今天嚴重失常！」極度失常的郭毓川院長，慶幸他除高談闊論外還一再笑聲響徹先賢！

於是那長長的，滿桌對我來說，有能吃不能吃的糕點美食，也都讓我留下了滿滿的，難忘溫馨的回憶……。

離開『先賢初級學院』優美整齊，寬敞的校園，我無限依依，一時難捨之情無法言喻！也許是此刻在先賢，自己灑下的何只是『愛』？我也將自己的『心』留下……。

看著一路相送的老師、學生，看著自己手中滿懷的一大束學生用心相親相贈，那『玫瑰』的祝福……我幾度含淚！（因為「Rose」正是我的英文名）

再逢各路豪傑

第二場的講座是四月十五日。

地點：中華總商會。

聽眾：名流仕女、各門各派作家及有興趣的社會人士。《近百人》

此刻講臺上『亞細安六國代表』的女作家，長長的排排坐。大會安排由新加坡『尤金』開鑼，菲律濱『修如』善後。

長長的接棒遊戲開始，一個接一個的女作家談文學談感性，現場一個接一個的聽眾倦意、走動，一個接一個或因有事離場，此刻我百感交加，人在江湖的無奈油然而升。一時真怕輪到我發言講話時，臺下已是聽眾寥寥……

等！等！等！最後輪到我時居然不是由主持人介紹主講者，而是旁座，剛發完言的同房，熱情的印尼代表明芳姐，她意外高聲的用了很多的形容詞，誇張、隆重的只差沒有敲鑼打鼓的介紹『修如出場』，使在場的文友，包括臺上的代表及主持人都倍感驚訝……！

剩下不足六十人的現場，使我立刻改變戰略，不談太多講稿，我真心真情的談論自己，談寫作，談菲律濱，談綁架，談搶劫……也談教育的艱鉅……就是不談高調，我用真摯、真實的真情意，讓自己成為一本翻開的書冊，我只是報告自己，翻開每一頁！誠實無欺，謙虛幽默的展現成長中的自己，活潑輕鬆的帶動這些豪門老將……。

結果是乎不再看到有人離場！連倦意的……也都輕鬆起來！一直到會場結束後半個多小時，聽眾依然久聚不散，熱情的要求簽名、合照、攀談、握手的連續不斷！個個國家代表一時也都成為閃亮的星光……我想這可算是一場意料之外成功的講座。

新加坡文藝協會的主辦單位個個笑開了的臉，真是一個比一個亮麗、英俊！最寬心快樂的當然是我了，因為終於可以如吳會長的祝福「載譽回菲」。（至少我沒丟他老人家及作協的臉）

天外天相送

孩子氣的我一高興！就快樂的手舞足蹈唱起歌來！講座結束後我臨時策劃，帶動各國代表練唱，讓『分離的時候』與『珍重再見！』的歌聲當晚於歡送會上響徹六十幾層高的天外天大酒樓（UOB 大廈）。

離情依依，雖帶不走醞釀、溫馨的友情、友人，我滿滿的抱回了文友們真情相贈的一大堆書籍、情意……。

珍重再見了！每一位我親愛的「亞細安國家代表」，我親愛的好朋友……！

珍重再見了！每一位新加坡作家協會的好兄弟，好姐妹！天涯海角我將永遠懷念您……！

珍重再見了！親愛的駱明、何濛、尤金、劉維新、李朝來、王亞芬、君盈綠、寒川、虎威……

原載菲華聯合日報二〇〇一年六月二十九日菲律濱華文作家學會主編【薪傳第七十八期】。

斷頭悲情

兩個被綁失蹤多日的孩子找到了！

一個在蘇祿首府賀洛市．哈志武篤街的一家加油站被發現！

一個在賀洛市史哥特路，教育部辦公大樓附近被送回！

但！

都只剩下一部份……

二十四歲的小安東紐和丹迎奔素兩人是好友，同為當地醫師之子。

五月十四日在賀洛市被數名武裝漢擄走，綁匪同時因無法按時獲得所索菲幣五百萬之贖金……兩個月後撕票……。

小安東紐慘遭斬首……頭顱被裝在一隻紙板盒內，棄於加油站……。

箱內附有一只布條，上書：

『這是尊重（小安頓的綽號）的頭，下一個會是誰？』

而奔素被送回來的……

則是一軀無頭屍體……

蘇祿省軍警正全面緝兇……
至今仍未找到兩人所缺的殘軀、頭顱……
小小的新聞……
小小的頭顱……
讓我心湖掀起巨大的翻湧，
渾然控制不住澎湃洶湧的怒濤……
滿腔忿怒！痛恨那綁匪的慘無人道，喪盡天良！……
憑什麼讓他們如此橫行霸道？明目張膽？
憑什麼綁匪可以有恃無恐？殘殺生靈？
試想身為小安東紐及奔素的父母……情何以堪？
這到底是什麼世界？
又是什麼因果？
必須讓我們的下一代承受此種威脅？驚嚇？
讓那二十來歲前程似錦，來不及成長、成熟，享受歡笑的孩子慘遭砍頭？斬殺？
您能想像他們的父母是如何的震撼？悲慟？
如何的以一雙顫慄的手去擁抱、去親吻那只剩一顆發黑、變形、枯乾頭顱的兒子？
悽愴、悲情的雙親又該如何去承受、處理小安東紐那面目陰森、詭異，五官模糊的頭顱？

如何去面對那充滿恐怖、驚嚇、怨恨，冤死的臉譜？

還有……還有奔訴的父母哪！

該如何伸手擁吻他們那自幼哺育，是那麼親親愛愛，血肉相連……如今竟無頭顱的兒子？

是誰？到底是誰令他們身首異處？

是誰？迫使他們從今而後魂魄游盪……四處尋覓自己的頭顱、身軀？

悲哀、淒慘的人生啊！

如今是時道不同了嗎？

那！慘死的孤魂哪！

他將永遠哭訴斷頭的悲慟呀！

哭他那無法回歸的家門……

無法依偎的雙親……

面對此種慘劇

如此駭人的消息……

我哭啊！無奈的搖頭……

蹙緊眉頭，痛苦的閉上雙眼，渾身掠過一陣痙攣……

心口的疼痛，像火灼般漫延開來……

淚水簌簌滾落……
是誰？到底是誰那麼慘無人道？
天下父母心啊！
那一個孩子……不是父母的心肝？
為何竟有人能如殺雞、砍鴨般連骨帶肉斬斷自己的同胞？
我相信——
那血淋淋的兇殺，
四濺的血液，
以及那兩顆冤死的頭顱，
將永遠永遠跟隨著綁匪……
生生世世相纏……
夢魘相隨……
我也確信——
法網恢恢，
殘殺無辜生靈者，必遭天譴……

※ ※

十八羅漢也斷頭

經過斷頭慘劇的驚嚇……心情未恢復的我……

無意間卻又聽到電視正轉播「斷頭十八羅漢」的悲情……

使我不禁敏感的停下正批閱的考卷……

有如電殛般詫異的凝視著電視報導——

原來是中國大陸山西省，靈石縣一個山靈水秀的村莊，正萬民歡騰的載歌載舞慶祝當地「資壽寺」失蹤六年的文物回歸。

影片前後播放的數十分鐘，令我不禁熱淚盈眶……

一直以來，認為自己不再像孩提時那般善感，成長後的我歷經歲月的洗煉……早已蛻變得更勇敢，更堅強……應該不再是那麼脆弱、易碎……

怎知原來年齡漸長，心中的那塊柔軟地更加稚嫩柔弱……更經不起人性的冷血、醜陋……

而此刻『痛苦』它真真實實的飛竄在我的雙眸中……。

如果您正如我般看到一個個十八羅漢……

那斷裂的頭顱，活靈靈、奇異異的展示在眼前……

那佛面依然慈眉善眼……酣笑眾生的姿態……心中必定能體會我一時一刻的痛楚、激動，以及那五腑六臟百味雜陳的沸騰……

眼前！那看起來是莊嚴但詭異的「佛祖斷頭」，讓人感覺毛骨聳然的一個個排列在銀色的巨盤中……

整整十八個哪！十八個「斬斷的佛頭」哪！

天啊！祂真真實實如您我頸項上這般大小的頭顱哪……！

這個世界？……它？到底還有沒有天理？天良？

這人間？到底還有否真情？義氣？還有否因果報應？

我們人類到底怎啦？真是病了？

人性？它也瘋狂？喪失理智啦？

居然可以「人斬人頭」，「人斷佛頭」？

是誰如此狠心？砍人殺生？連佛祖也斬？也斷？

是誰如此的不怕天打雷劈？不怕報應？

眼前酣笑的佛頭？

祂們不正是山西省靈石縣「資壽寺」失蹤六年的文物？當年是被人有計劃的為奪取暴利……齊頭斬斷，偷運出國……那古董無價、雕刻精緻……法相莊嚴的十八個頭顱」……。

而今「佛祖斷頭」由台灣起程，運回山西重見天日

乃是由善心人士陳永泰先生發心了願，專程護送，回歸大陸……，

聽說原本一個個「佛頭」散佈四方……經陳老先生辛苦打探，重價收購……一路歷經坎坷，又經兩岸多次聯繫溝通……始能如願「無賞歸回」資壽寺。

陳永泰夫婦兩老，在他們忠厚、燦亮的眸子裡，燃燒著一簇熱情、熱心的火燄

那是一種義無反顧的善良……。

是一種無私、奉獻的真性……。

不善言詞的商人陳老先生一再告訴記者：

「起初我收藏了三尊「羅漢斷頭」，其中最先收購的這尊……，吶！就是這尊……很是奇妙！祂就像在跟我講話……一直一直不停的講著……所以促使我發下心願……」

凝視著攝影機下這些表情栩栩如生……

這些經過漫長歲月的沉睡，即將重現江湖，等待永生的十八羅漢……

您不難明白陳老先生的意思……

這一個個「佛像頭顱」，祂雖十分嚴重的剝落、受損……

那十八羅漢個個斑駁的臉龐，雖是褪色剝損得十分慘重……

祂們那！一個個屬於古典透逸的臉頰，依舊是那麼俊美炫目、莊嚴自在……

那！恆古以前……必然是經過專家用心雕琢的五官，是那麼雅致精巧，尤其一雙雙褐黑有神的眸子，在陽光下晶亮的閃耀著祂的靈性，讓人觀之心為之聳動……

那！佛面的道貌岸然，凝眸微笑，感覺上……真可使滿室生輝，芳香盈鼻……。

尤其羅漢個個目光凝睇，明眸皓齒，可惜！……在沒有身軀的支撐下似乎變幻得產生一種詭異的笑容……使人顫慄生寒……

祂真的是「無聲勝有聲」……

「無語若有言」……

尤其被有心竊盜的「十八羅漢」我想……牠本身並沒有所謂的痛苦，也沒有快樂，更沒有喧鬧，也不會死亡……只有沉默。

由於祂是獨立的藝術品，有它自己的命運，一個個是那麼頂天立地的存在浩瀚天地間，我認為即使有靈……也只是為人類增添了一個暫存的永恆罷了……

十八羅漢祂無論如何坎坷，也只是靜默的睨視著滾滾紅塵的芸芸眾生……冷眼看著人生百態，瞪著人類巧取豪奪、相互競爭、殘害……

這一切對祂來說也只是笑傲江湖罷了……

又何需多言？

陳永泰老先生談到「十八羅漢」臉上一片肅穆，善良義舉令他雙眸閃爍著感人的風采

已年近花甲，卻依然豐容盛鬢，看上去不過半百的陳老真是「有容乃大，無欲則剛」的好人。

望著影片那偌大的豪華會議室……可想而知他必然是一位頗有成就、聲望地位頗高的富賈。

因故，陳老更令人讚賞，一個肯將上百年無價文物，十八個「古董佛頭」雙手捧回，同時簽下「捐獻回歸狀紙」的善心人士……人間少有啊！

深深的，深深的……我昂天謝恩……胸臆中激盪著一股說不出的情懷，那是感

恩的心，是驕傲的情！

陳老的善行讓我感觸到一股暖流溫柔的回盪在天地間，感覺上世界還是美好、溫馨的……。

人性……它！還是美好有希望的……

十八羅漢幾經波折、手續、協商後，終於在兩岸盈盈的期盼下……順利回歸山西省……。

前後整整六年……歷經滄桑的「十八羅漢」終將「身首合一」再現風采……

後學除了對陳永泰先生的善良、熱心及「功成身退」的仁風義舉，衷心喝采與敬佩！

也為海峽兩岸彼此互助、心手相連……讚嘆，祝福！

更為前述小安頓紐及奔素的遇難深表痛心遺憾！對其家人同表哀傷！

但願人類的天良終究能戰勝貪、嗔、癡……

那「斷頭悲情」的慘劇將永遠，永遠不再重演……。

原載菲律濱聯合日報一九九九年八月二十日 辛墾文藝社

小說呢喃

十丈紅塵

—離恨恰似春草，漸行漸遠還生—

一九八四年中國福州市。

無日、無風、無雨的立秋，清晨五時。

一輛歷經滄桑，塵灰掩蓋的紅色小轎車……

無聲、無息、無奈的停泊在古老的城鎮，那斑駁剝落、歷史陳舊的福州醫院正門口。

就那麼靜謐的伏臥著……耐心的等待著，也為一路奔來那坎坷漫漫長途無聲的喘息、靜候著。

一個鐘頭的流失……竟像整個世紀般漫長……。

呆坐在後座那一臉木然、無聲無語、困倦的小陳夫妻……霎那……雙眸發亮，挺直了背脊……滿臉動容的匆匆下車……無措的靜候一旁。

醫院長長走廊的一端

出現了一位大約六十來歲，滿頭短而僵硬的白髮豎立著，那瘦長的骨架、微駝著背脊的男子劉恆。

這位來自台灣・高雄，一九八三年豪情壯志的攜金帶眷，一心創業奮鬥的勇士……多年來風霜雨露，失金丟夢……嚐盡人生百態……卻依然掙扎、執拗的抵死也要攀著命運喘息。不願也不甘心放棄已過氣的夢幻……。

如苦行僧般，劉恆多年來……日夜鞭策自己不停的在古老的中國……各省各市流浪、尋覓……旋轉再旋轉……

依然覓不到自己的方位，尋不出自己的定點。

日日夜夜執拗營鑽……不知是不能或不願就這麼空手敗退而回，他不曾、不敢也不願歸去……。

然，午夜夢迴……老母的呼喚，二子的怨懟，兩位親兄弟在台相繼的過世……一一使其習慣性的昂視對海彼岸……無限迷惘、唏噓。

一條多麼遙遠漫長的不歸路？……

而劉恆就是小陳這一對耿直憨厚、相貌平庸的患難夫妻……貧寒孤苦無依下的救世主……儼如再生父母。

崇拜加上依賴，使這對夫妻多年來忠心耿直、不計酬勞溫飽的任勞任怨……捨命追隨他海角天涯，而今更同擔著一份莫大的悲慟。

劉恆一臉歲月的刻痕……他一心奔入另一股命運之洪流後……百嚐現實冷暖、迫害……。

無奈的掙扎、搏鬥於這一片土地上，而今是千瘡百孔、筋疲力竭……是時不我也……。

那曾經挺拔傲岸一時的身軀佝僂了，是那麼蒼老而瘦削。不曾向命運低頭的他，此刻竟眼中孕育著水珠……噙著晶淚。狠狠的將胸臆中那股迷惘的悲愴，在用力的深呼吸下強硬的壓抑了下去……。

此刻劉恆表情神聖、專注的用這雙胼手胝足……歲月磨練出來粗壯卻無肉的手臂……緊緊的、珍貴的……親暱又溫情的捧著一個十四歲靦腆、不美但清秀、清純的女孩……。

那是他牽妻帶子，壯志豪邁的翻山越嶺……在兩岸未開發前，經由馬尼拉輾轉帶入中國大陸，一直定居泉州的孿生女真兒。

一旁緊陪著矮小精幹、臉色凝肅、蹙緊雙眉……一臉灰敗，四十幾歲的中年婦人劉嫂。

平實平凡但認命中卻也自有屬於她個人的倔強、執拗……一位無奈淒楚的母親。

此刻亦是那麼摧心裂肺的緊緊依偎著她的男人和女兒，步出長廊，走向彼岸。

他們要回家……。

※　※

福州醫院，血液科四十一日的搏鬥下，主治醫生終於愛憐的答應真兒不再吃藥、打針，可以回家了。

真兒住進醫院，是因為病了。

病歷卡清楚的書寫著：「紅斑性狼瘡」。

一種至今如癌症般，依舊使全球醫學界束手無措，無法有效控制、根治的病因，其菌毒一但侵襲人體，各部組織即毫無理由的破敗，沒道理的心衰虛弱，以至力竭停擺……。

※　※

真兒發病初期在台灣，她比孿生姐姐遲五分鐘出世，自幼體弱，抵抗力薄，父母因長年在外奔波忙碌……家中兄姐不知「紅斑」之嚴重，故……緊急發作發現後……已毒襲五臟……。

※　※

遷居大陸後的雙胞胎在泉州曾轟動鄉鎮一時，因孩童時兩孿生女在台灣曾是當年台視「第一屆雙胞胎五燈獎」之冠軍得主，能歌善舞、清純可人，加上琴藝超群，品學兼優，因此深受寵愛。

發病的真兒不願退學，雙胞胎姐妹晃著相似的一張臉譜、相同的脈動，彼此感應著一樣的悲喜，依然搭擋代表「泉州學校」參加福州省音樂歌唱比賽。

※　※

舞台上來自台灣的孿生姐妹自然大方，清純可人，在強烈的燈光照射下……真兒強顏歡笑……依然賣力的揮舞、旋轉……

認真固執的唱完『龍的傳人』，是那麼勇敢的昂挺著背脊，不願落人之後，終於手捧了冠軍落幕……。

但下台後……搖搖欲墜……竟暈眩不省人事……

透過「大陸對台辦協會」的奔走，速送急診，始求得福州醫院一席床位。

真兒當夜高燒四十度……全身紅斑浮現……血液科主治大夫緊急開會研究病況，經三天三夜抽血驗尿……X光及各種儀器追蹤……最後證明確屬「紅斑性狼瘡」，然毒素且早已蔓延五腑六臟……想活命……為時已晚……。

住院四十一日的真兒是善良可親的。

醫院裡白血病患二十多人，大約年齡都在三、四十歲，只有真兒輕盈苗條，黛翠年少……深受寵愛。

瘦弱的真兒是天使的化身，每天乖乖的吃藥打針……克素一時竟能控制病毒，精神好時，她會在各病床間串連歡笑……織毛線、歌唱、講故事、慰問病患……帶給滿屋、滿室的病人溫馨、友愛。

可！卻也常因實習醫生、護士技巧欠佳……那打腫了的血管……腫脹了兩倍的手臂……瘀青一大片的臂部，帶來不能忍、痛徹心肺的哀號……使人心酸、心碎。當！全身如針刺般疼痛泌入骨髓，錐心的痛楚，那是種撕心裂肺尖銳的痛……。

瞧！那張清純含淚的臉，因過量的藥物，不正常的腫脹了半邊……心靈的悽然……淒苦難言。

她！那瘦體毒侵……心、骨、各器官……一天天破敗……是那麼無望的掙扎在克素的控制下……。

永無止境的抽血化驗……鈷光照射……使她累了！崩潰了！不能再支持了！卻依然苦撐、強顏歡笑……。

那一日……

是淒涼的深夜，真兒不忍再驚動一旁相陪……日夜伺候其飲食、排解……倦怠熟睡的母親，她顫顫抖抖的欲自己下床小解……。

可！雙腿一觸地面，未經踏步，瞬間陡然一陣暈眩無力，天旋地轉下……

「哎唷！」（後語音剛凝結在喉……）

真兒雙膝發軟……腳步一踉蹌……

「砰！」的一聲，是那種不太強烈……卻使人傳入耳膜……產生一種驚心動魄……極度不舒服的骨肉撞擊……爆裂聲響……

劉嫂立即一陣寒慄驚醒……扶起真兒……慌亂視察的瞬那——自己竟突然歇斯底里的尖叫醫生、大吼護士……。

心臟一陣絞緊，絞得渾身痛楚。

她失常無辜的嚎啕大哭，攬緊了真兒……機伶伶的打了個寒噤。

驚嚇一時的真兒，抿著半開的嘴……張大不相信的雙眸……瞪著自己的「左膝蓋骨」……

神情恍惚的瞧著自己的關節處，那有如小碗般的凹陷……麻痺中……莫名的……不知何以自處？……

喃喃無神的對著夜空……瘖啞地在喉底喚著：

「媽咪！我的「左膝蓋骨」酥掉了？……碎了？……不見了……」

霎時！麻痺消散……一陣痛徹心肺的酥碎感……來勢洶洶的啃蝕吞噬著她的靈肉……。

真兒痛得無法歇止的嚎啕大哭……無望的悲鳴……。

那種眼睜睜的瞪著自己的骨酥掉了、散了、沒有了……？

是何等的恐怖哇？

是人間難以比擬的悲慘淒痛啊！

無怪乎十四歲的真兒嗚咽、啜泣、抽噎、狂亂的悲號著……。

以至灼痛暈死……痛不欲生……。

劉嫂哭乾了淚……捶胸頓足恨死自己……，一直喃喃歸罪譴責又懺悔自己一時的貪睡。

※　※

止痛及克素的控制下……真兒是靜下來了……

那種煎熬後的理解，使她清澈的雙眸……閃動、流轉著無底的智慧……了悟無常使真兒依然抬著下巴，倔強的昂起頭……親吻著媽咪，撫慰著親友……

用她那了然後清澈的聲音……開始躺在病床、或坐在輪椅上快樂的歌唱娛眾……笑聲依然燦爛……。

唯一使她常癟癟嘴，不高興半嗔半嬌的抗意……是母親開始二十四小時替她按上成人紙尿布……應付她多日來大小便的失控。

親友們偷偷為她抹淚……看著病魔蹂躪下勇敢的小女孩，不禁調頭無聲的抽噎飲泣，悲慟落淚……。

※　※

懵懂的少女，流著黛綠的血，無限璀璨的光明前途，卻在生命的路途上遽然的突變……令人搥胸頓足啊！

真兒在強烈鈷光照射下，以及那粗糙的針頭來去之間……遽然如顆珍珠般一點一滴黃了……褪色了，以至失去了原有的光采和亮麗。

她抿緊了嘴……忍受著病痛，雙手不時親愛的擁抱著媽媽……拉著姐姐，呼喚著爸爸……。

並強烈的懷念台灣的兩個哥哥……以及年邁的老祖母，思念兒時家園、同伴……。並沉緬在孩童時的歡樂時光……。

她焦躁不安的等待回家，又憂鬱的瞪著穹蒼……無語問天。

那一串串銀鈴似的笑聲，在眾人的祝福，病友的祈禱下真兒依然漸漸衰頹、枯槁、失音、失控、失常。

※ ※

罕見的陽光日，不知何因三位菜姑竟不約而同住進病院，結緣真兒後，相約為她整日整夜唸佛頌經……。

而忙碌的父親……終於再次由泉州趕至醫院。

真兒今天很異樣……。

用她蒼白的手……恍惚中緊張親暱的拉著父親……用力急切、喘息的叮嚀著：

「爸！您要設佛壇、要渡人救世……」

「爸！我走了您千萬別太傷心，我在天上會保佑您的！」

言罷呼吸急促……胸口起伏不定。

半響！又突然神情詭異，雙頰因興奮奇異的飄著紅潤，今天她特別精神奕奕……侃侃而談……霎那詭譎的告訴父母：

「這幾天夜晚……有好多人來陪我講話聊天喔！」……

「我都不認識也！有男，有女喔！他們來看我……並無惡意，像是陰界的朋友。」

「爸！他們要求我轉告您渡化他們、解救他們……」

「我一點都不怕喔！他們只是來陪我……等我……」

真兒精神恍惚的喃喃自語……累了就闔眼睡著……。

劉恆昂天長嘘！神情更加悒鬱不安……。

他自己清素修道四十年，乃是身負點傳之天道使命者。

這幾年俗事纏身……確實重凡輕聖……實有負天恩師德，真兒不經心的觸動他多年來的心結……不由內心揚起一絲抽動、一抹悲涼歉疚。

多年來迷失在這一大片土地上，找不出前路覓不著歸途，親人四散……這一切的一切……值得嗎？劉恆不覺心中湧起萬頃波濤……。

而今真兒七魂六魄漂浮不定，使劉恆臉色驟變……淚簌簌而下，一籌莫展的只能昂天悲嚎。

真兒神情已恍惚……睡與不睡靈魂皆飄浮三度空間……或許自幼幾無葷食，清素下靈體清純無雜之故……。

近兩日每當清醒正常時，老是拉著劉嫂的手愛嬌的説：

「媽咪！幫我清口、素食……我快來不及了……。」

其喃喃囈語下……言語顛倒一片混亂，陰陽兩界竟分不清，不知所以的冥異言論，令人毛骨悚然，又不覺流下一掬同情之淚……。

※　※

是無風、無日、無雨的清晨五時。

真兒完全正常，像個健康的少女，全身紅斑退盡，大伙驚喜。

而她精神抖擻，孕著笑容，撒嬌的搖晃著父母的手，絮絮訴說：「身體已無大礙，想回家去。」

真兒噘起嘴……倔強又拗著性子……一心一意準備歸去。

主治醫生見況，詳細檢驗後……默默冥思片刻……和劉恆夫婦竊竊私語，交待藥物、氧氣桶後……神情悒鬱的終於答應真兒可以回家了……。

瞬間！真兒淚水汩汩流下，兩頰激動的飄上一抹紅采……媽媽顫抖的替她刷著一頭竟不受藥物、鈷光影響的長髮……穿上亮麗鮮艷的舞衣，外加紅色的披肩，帶上心愛的小紅帽，霎間竟看不出一絲病態的端倪……。

一小簇奇異的火燄閃爍在真兒清澈的雙眸中。

回家的路是憧憬的夢幻，是溫馨的美景……。

而家？是在那遙遠的一方？而或只是泉州小鎮？……

終於劉恆小小心心、輕輕的雙手捧起了真兒，告別了室友，走出長廊，步向歸途……。

一時竟然全院白血病友……不約而同列隊相送，並默默祈禱祝福。

三位菜姑近日來日夜為她唸佛頌經，一時竟不忍以聲引動眾人的悲愴，乃雙掌合十噤聲無語……。

真兒向著眾人也向著冥空揮手，一心盼望不如歸去……。

※　※

一出門口，小陳夫婦立即迎上前來，親暱地喚著真兒，並稱讚她的美麗。真兒笑了！

搗著嘴……天真可愛的晃著頭，嬌嗔的瞪眼……並甜甜的叫喚著：

「乾爹！乾媽！我好想你們喔！」……

一切是那麼溫馨、正常……

接著劉恆小小心心就像怕壓碎、弄散了蛋糕般，將真兒捧上了前座車內，那預先放平的椅上。車子急速的滑動……。

劉恆雙手握著方向盤，臉上不時掠過一抹憂愁，一抹悲哀。

額頭上因心中的焦灼而泌出一粒粒豆大的汗珠。

車內迷漫著令人窒息的緊張。

任誰也無心欣賞車外那蔥蘢山色。

劉嫂與小陳夫婦一路呵護著真兒。

真兒卻撼人心肺的叮嚀著：

「媽咪！妳要每天吃飽！穿漂亮的衣服喔！」

「一定要高高興興的過日子，我不要看見妳哭喔！」……

而當車子起程後劃過窗外遠山、近樹、田畝及一片清翠山野——半小時後——。

一直正常的真兒突然間——……

天旋地轉、心跳急促、呼吸重濁……

劉嫂如遭電殛般立刻彈起，敏捷的替她捂上氧氣罩……。

緊接著一陣惡臭……帶著噗！噗！噗！聲響……

真兒雖人處在極度不舒服下，還靦腆、神色訕訕的對大家說了句；「對不起！……」

原來是她屎尿又失控了……。

緊接著——

一陣抽搐，不知恁地真兒突然兩手緊握……並咬緊牙根……。

劉恆無心旁顧，胸腔激盪不止。

立刻加快車速，顛簸的奔向歸途……。

口中不時喃喃：

「我們回家去，就快到了，就快到家了……。」

又一陣哆嗦……真兒竟昏迷不省人事……。

忙亂的劉嫂及小陳夫婦左拉右扯，三人急促的由後座撲向前來……。

一起用湯匙想撬開真兒緊咬的牙根。

欲灌進醫生交待的救命丹……。

忽然劉嫂裂人心肺的狂叫——

原來真兒口未撬開……兩顆大門牙卻活生生的脫落了……。

霎時！車外竟然風雲變動，天昏地暗，加上雷雨交加……令人心中喘息不安……。

緊跟著真兒全身莫明的顫慄……吁出一口大氣——

猝然間——

靜止了——

停下來了——

無脈動了——

劉嫂歇斯底里的痛哭失聲……

而劉恆立時煞住了車，兩手猛力的敲著方向盤……此時車子淒厲的震顫出「叭！叭！叭！叭！」一聲比一聲忿恨的吼叫……。

雙目炯炯……難以至信的由其喉底發出一種如困傷野獸般的低沉嗚咽……。

霎那！他緊繃著的臉鬆垮了……倏忽地褪成死白……。

背脊完全佝僂了，兩片峻峋的肩胛高高聳起，頭顱卻無望的深深低陷……。

※ ※

真兒靜止後神態安祥……白皙的皮膚依然溫熱……。

而那回「泉州」的路是更遙遠、更漫長了——。

車子再次發動……。

依然狂奔的一路急促顛簸回家。……

終於到達「泉州」。

一車的人四肢僵硬……困倦疲怠不堪……。

唯有真兒奇蹟般躺在前座……微彎曲的身體依然如熟睡般柔軟。

※　※

車子將滑入小村莊時……一群得到消息的鄉親……突然成群結黨……臉色凝重……烏鴉鴉的橫擋在村口——

不允許劉恆帶「死屍」進村……。

愚昧迷信的鄉村老……堅信「死在外地的人，不能抬回村莊」，那將會帶來霉運和災難。

於是眾人刁難的阻擋，霸氣的驅趕著……就是不讓他們回家……。

語氣霸道、絕裂、無情……。

劉恆悲憤添膺……心寒人情的淡薄、現實的冷酷，他鐵板著一張臉……憤怒就像野火燎原般一發不可收拾……。

他那一時凜冷嚴肅的神情……令一群鄉民驚退……卻又一旁徘徊窺視。

而唯有小陳夫婦忠心耿直、默默木然的張羅著，冷靜的在村口架起了臨時帳棚。

並幫忙找來風水堪輿師……及一堆巨大的冰塊……。

又迅速的就村口佈置靈堂……點上香燭，立時拈香禱祝亡魂……。

※　※

難以至信的……

早上八點去世的真兒……十一點躺在冰凍上，直至晚間十點——

欲幫其潔身化妝時……居然全身柔軟如常？

而大伙又清楚的聽見真兒肚內居然發出咕嚕咕嚕大小腸蠕動的聲響……。

使替其潔身更衣的兩位老婦……一旁嘮叨的懷疑……真兒是否真正去世了？

瞧！其長髮烏黑……面容安祥……白嫩嫩的皮膚……柔軟的四肢，如貪睡不醒的小女孩，並掛著甜甜的微笑……更加使人費解不安？

任誰也不敢將其按入靈柩或蓋棺下葬……。

劉恆、劉嫂也呆愣了……傻了……癡了……

再次終於不能接受事實的……替真兒的屍體打了5CC的克素。

眾人內心是那麼難以平衡的瞪著眼等待……等待奇蹟。

一直在風雨雷電下守候著……漫長的一整夜，大伙都未曾闔眼。

滿是質疑的目光……期盼著一場玩笑的結束……一場噩夢的覺醒。

※　※

然，希冀的——

終歸是人放不下的感情債……。

要走的，該走的……還是飄然而去……一切飛灰煙滅。

是所謂：

「——離恨恰似春草，漸行漸遠還生——」

迴盪在空中的是一串銀鈴似的純真笑語……。

真兒所呈現出來的異像，或許是一種幻像、一種證明、一種警惕……我們不得而知……。

但人活在大千世界，十丈紅塵裡，來去皆有定數……若看不透生、死、悲、歡又如何？而泯滅天良……傷人害己者能到幾時？到底人該如何即入紅塵……又能超塵出世……瀟洒的人間來去？

※　※

其實人處紅塵……營鑽忙碌一生……不明因果是癡……。

而一味悲憫生、死、離、恨是傻……。

一生……既有來……就有往。人必須在內心長存真實的懇切，美好的盼望，善良的包容，追尋有意義的生命。

須了悟任何苦難都是短暫的，人不僅要能接受苦難，還要能超越苦難而不朽。

然而滾滾紅塵中的你我……有多少人當真能夠無掛無礙……瀟洒的人間走一回？

原稿載菲律濱聯合日報一九九三年二月五日辛墾文藝社 副刊。

校園春雨

春風化雨

兩岸同心！明天會更好！

百年樹人的僑教

整整一個月，放棄一切的煩事、家事、俗事……暫且揮掉運動三年的元極舞……每日清晨火速奔向中正學院大學部，參加教學進修……。

所為何事？

只是憂心！只是苦惱！只是盼望！

憂心的是……學生程度不佳，僑教辛苦年年！績效依舊平平？

到底該如何？身為老師的自己才能更好？

到底該如何？才能教好我們的孩子？

到底這數十年僑界各有心、有關單位，包括菲華校聯、華文教育研究中心、商聯總會、宗聯、各宗親會等等不斷的獎勵、改善、鼓舞教師，對華文教育進行改革、修補、建議，並舉辦各種講習、講座、進修、研討……為何我們依然覺得茫然？不順？

老師們上起課來……在揮汗苦鬥中依然身心俱疲，面對我們……那一群群實際上聰明過人，活潑可愛的孩子（老實說孩子們也很努力！很辛苦！）……

面對那令人心疼、愛憐的小天使……老師們依舊是背負著沉重的無力感？

而在「一片丹心，照日月」的辛苦耕耘下……教師們不管良莠，不管教學成效如何……處於現有環境、局勢下，個個其實都是辛苦、憾人肺腑的……可？所得到的包容、諒解、保護、尊重還是不足？還是令人噓唏？而那份跟不上貶值速度的薪俸，還是依然無法養家活口？

是諸多的問題！是諸多的打擊！讓多少優秀的前輩揮手退怯？讓多少年輕的新秀不敢沾惹？

而我們苦惱的是面對飛越狂奔的電腦科技世代，面對二十一世紀嶄新的潮流，我們華族子弟在全世界各地、各角落，幾乎是無孔不入、無法抵擋，勇猛的成長、茁壯……我們中國人其實早已邁入主導世紀的新紀元。

然而？我們菲律濱華文教育卻依然在摸索？還是在觀望？

依然在僑教的大道上兵分兩路……？

依然嚴重的畫下兩岸的溝渠……？

依然各為其主的隔海隔校互相分界……？

無法稍稍放鬆彼此的敏感？兩岸真正坦然的坐下來分析現有的局勢？面對大環境、大潮流、大社會為我們僑教的明天，同心協力的共同理出一條最佳最好的道路……？

而我，一個默默無聞的老師，一個微不足道的耕耘者……心中其實一直，一直在熱切的等待、祈禱……盼望的是兩岸的和平統一早日到來！早日達成中國一家親的宏願，邁向大同世界、地球村的理想境界，那麼受益的何只是海峽兩岸的中國人？何只是我海內外的華族、僑教……？那將是天下蒼生百姓的福祉呀！……

風雨中的回顧

我們菲華僑教在風雨中熬過了百年……超越了漫漫長路的百歲人生……

歷史記載一八九九年四月十五日，由陳綱先生主導，在領事館內創立了華僑第一所學校名為中西學堂，至始我們僑教不是一直在耕耘？在努力？不是也曾戰績輝煌過？不也曾頗有斬獲？

早年老一輩，上一代的長輩所受的華文教育，幾乎完全比照臺灣及大陸水準，當日我們華僑、華裔程度之高，幾可比美兩岸，或可說是有過之而無不及……實例可由當今菲華文藝界不少實力派學者、作家，受人尊重的前輩，與現今主導僑校的各當家院長、校長、主任之談吐文筆可悉，可解。

直到一九七六年菲律濱政府發佈僑校全面菲化後，記得當時我們華文教育，各學校不也曾同甘共苦的共同患難，歷經了一段辛苦掙扎、心碎、心酸……那長長摸索的黑暗適應期？……

風雨望春風

僑教菲化改制、改革後……在慘酷的颶風狂飆摧殘下，華文教育一切的一切……早已變臉、變色也變天……而當初我華僑、華裔那傲人的「華語輝煌期」……它！早已走入歷史……。

面對當今時局、時勢，面對菲化後教學上的差距與坎坷……但看我們的孩子對華文一再產生的恐懼、排斥與無奈感……我們不能不面對現實，不能不承認有憾！有愧！有缺！定有所不足！

其實這絕對不是誰的錯，也不能怪罪任何一方。我們該做的是面對時局，坦然接受事實，迎頭積極努力……尋求可行的路向，可通的道路。並能讓家庭教育與學校教育好好的心手相連，一起為我們的下一代努力。

回首僑教這一路行來先人、前輩們的功績、辛勞、努力與遺愛實不可忘。

而承先啓後的我們後輩老師，背負著前人培育華族，教育下一代的重責大任……也實不可卸。

直到今天！就是今日！風雨連夜的今日！我們僑教需要的是空前大團結，是同心協力的力量，是風雨中的「春風」……

可！到底該如何讓我們的華文教育真正的起死回生？到底該如何讓我們的華族子弟，在菲化後，時局不一的今日，依然能保有自己的語言和文化？

我們如何在這七千多個島嶼，六千多萬的人口中，以百分之三的少數民族努力的保有我們華族的根？好好栽培我們的後代？我們的幼苗……？

如何完善的肯定我們菲律濱華文教育的路向？達成絕對的共識？如何同心同德真正的去研究，攜手共同栽培出具有中華文化氣質的菲律濱公民？使之得以發揚中華民族優良的傳統美德？並順利的融入菲律濱的大環境大社會中？以建設國家，造福人群？揚威海內外？

我想我們真正需要的是風雨中的「春風」，需要的是風雨故人來……

風雨故人來

真正是『風雨故人來』的佳景……

多麼美好、溫馨感人的到訪……。

此次校聯用心良苦的集合各校共約七、八十位小學老師，假中正學院大學部舉辦「教師教學進修班」。來自臺灣的教師團，正是頂著造成嚴重傷亡的「桃芝颱風」，冒著風雨，飛越萬里重山的辛苦到來椰風蕉雨的菲國……

蒞臨的教師團……有點令人訝異！九位老師都屬年輕幹練的新新一代，其中居然有七位是活潑開朗的男士，兩位年輕貌美的女士。

可敬的是他們個個那份純真、專注、認真的教學態度，那不怕碰撞，勇者無懼的果敢精神，個個笑容滿面，穩重謙虛，是那麼盡心盡力的傾囊相授，令人感動……。

教師團每一份子都能同心協力、分工合作，經由不斷的開會、溝通、研討、努力的修正方案，大刀闊斧的刪改已訂計劃，以盡力配合本地教學之所需。

亦能用心聆聽、瞭解本地困境，及各校教學之狀況，給予適時適度之建議，並積極帶動全體教職員，實令人深感溫馨……。

我想此次進修班最大的收獲，除了教師團帶來有關創意教學上的建議與演練，還有有關華語課本教學教法之改革與檢討。

多日來經由他們的努力與帶動，促使每位老師獲得了不少啓示、不少心得與感動，尋獲了或許曾經失去的心境，那是種重新點燃「心中火燄」與「動力」的心境……使之再次燃燒起教學上的生氣與熱情……。

是的！透過教師團這群新新人類的牽引，也許……也許讓今次進修的老師們也因而得以注入新血……得以新生，得以「春風」再現……。

同時更明白如何經由多樣的遊戲，活潑的構思，輕鬆的教導以帶動學生，並能用心營造學生的學習環境與興趣，同時積極培養自己成為一位有創意、頭腦靈活、活潑、生動、幽默並樂觀進取，跟得上時代潮流的好老師。能透過輕鬆有趣的各種教學方法進行帶動，能與學生建立良好的互動關係，使教學發揮最大的功能與效用。

並經由現代化的教學手段，採用多種軟、硬體配合，即是以電腦、幻燈片、錄音機、錄影帶、電視、電影、投影機等教學製作或利用語言傳播室協助教學，增強教學的動感與活潑性，以提高學習效果，讓學生得以產生嶄新的情趣，及在有效的帶動下學會華語，只要懂得說話，自然能讀！能聽！能寫！

此次教師團讓我們真實的體會並肯定了一點，那就是教育學生絕不再只是單憑「一本課本、一枝粉筆」「一位老師、一張嘴巴」就可以讓課堂教育輕鬆混過、簡單了事。

想上好課，實在是必須經由老師的刻意安排與精心設計，利用各種方法引導學生投入情境，用心的達到激發學生學習之興趣，設法啓發並促動學生的積極性，才能順利達到教育的真正成效。

而利用現代化的教學手段，確實可以使學生面對多樣、多變的彩虹世界，透過美麗的動畫，悅耳的音樂，精巧的創意道具、清晰的語言，七彩的幻燈片、多變化的投影教學製作，使學生能產生加倍之學習興趣，借以激發學習的動力。

想來若能確實具體的去設計安排，費心的去經營課堂……再配合較好的教材、優質的老師，如此這般努力經營帶動，定能有意想不到、不同凡響的收獲……。

春風怎化雨

可惜！面對當今種種不同的爭論……不同的聲音……不同的政策……使我們今日華文教育實無法……終舊無法步上平坦的康莊大道……

您瞧！我們一再議論的是：到底今日所教所學之華語是排行第一或第二語言

……？

我們也議論到底是採用簡體字好或繁體字對……？

我們更爭議該採用國語教學〈普通話〉或採閩南語實用……？

我們也爭論到底是注音符號好還是漢語拼音行……？

其實這每一點都可以坐下來就我們學生的程度、環境、各校需求加以認真研討，無須過份爭論自傷……。

當然不同的立場有各種不同的聲音，我想如何尋求兩岸最佳的大三通？小三通？彼此尋求相包共容？共同設法處理一環一環的問題，一扣一扣的矛盾，一件一件的困擾，但願能讓菲華教育界的兩岸……早日攜手合作，讓怨聲減到最低、最小……也讓「春風」能化雨……

有風有雨亦有情

昂首觀之現今……眾多的議論！不少的怨言！許多的不滿？那怨聲針對教育，那議論針對教材，那不滿針對改革、師資、薪俸、課本、學校……

而？到底是我們各界不夠關心僑教嗎？

是眾人所給予的愛心不足嗎？

或是我們的老師真的太不夠水準？

還是我們的孩子特別笨拙？

NO！數十年來……百餘年來……最關心僑教，最俱有愛心、最愛國愛家，最忠心不二的教育界、商界、文藝界……都在此地！

舉目觀之……幾乎整個東南亞找不出優於，勝過我們此地的族群宗親讓人倍感溫馨，找不出比我們菲華僑界、僑團、僑社更可愛，更真誠更熱情、熱烈的華族……我們總是那麼不停、不死心的一直在努力！一直在掙扎！不是嗎？

是的！幾乎找不到比得上我們菲華僑界熱情、熱心的社團，只要是為教育下一代的需求，只要是我們華族的欠缺，不管，無論時局多麼艱辛，只要有益！只要一句話！我們的族群都能眾志成城的願為教育奉獻財力、物力、心力……而這份愛它來自各階各層的社團、善心人氏……

是的！就是因為我們「心中有愛」！

就是各界心中有情！有義！有國！有家！

就是我們心中有忠！有勇！讓我們即使……即使大部份華族早已因時局、因環境需求加入了菲籍，可！我們依然熱愛中國，依然燃燒著熊熊的中國心、中國情……

五百年來……

即使我們的祖先離鄉背井！翻山越嶺，早已生根發芽，生長、墾植於菲國……

即使我們與菲國人民早已兄弟一家親，同甘共苦的走過歲月……歷過了層層的浩劫、戰亂、災難……

即使我們與這七千多個島嶼，早已立下了永不離棄的誓言……

即使我們早已在此地生兒育女、也曾埋葬、焚化過親人於斯地……

我們也一般熱愛，願全心捍衛並效忠這一片南國的生存生長地……
即使，即使如此……
我們對中國！對遙遠的母親……依然心中有愛……
依然拋不下濃濃清淡的茶葉香……
丟不開，揮不走惱人的鄉愁……
於是我們把鄉愁放在兒女的心中……
把懷念寄托在幼子的手上、筆下……
於是我們也想把中國藏在子孫的腦海……
可也同時……為那漸漸失去的中國臉譜憂愁……
於是，於是我們不停的在子孫身上尋找……
尋找中國……

風雨見眞情

其實對僑教我們真正應該重新思考……現今海峽兩岸都已一再開放，甚至考慮大小三通……沒道理我們僑教不設法小通……？

就說「漢語拼音」一案，臺灣早已在一九九九年四月教育部所舉行的全國拼音會議中，認真的討論、認可，分析並研討、設法改造過……也早已多次公告海外華族可自訂自選所須……。

記得今年學期剛開始，中正學院的院長施約安娜女士，在對小學部老師所招開的會議中，提到兩點非常值得一提之處……

首先她鼓勵老師們面對大環境，可以考慮進修學習漢語拼音，以應付隨時之所須。〈當然我們並非打算放棄國語注音符號〉只是多一樣學習並無壞處。

再者院長認為我們依然是肯定繁體字教學，但是對於一些臺灣通用的簡體字，可以視情況教導我們的孩子……您瞧！！多開明的見解，我們為仁者喝采！

記得兩年前「校聯」在「僑中學院」（其乃屬親共派學院）所舉辦的「暑期師資講習班」，整整一個暑期包括臺灣來的指導老師、參加進修研習的全國華校教師都受到親切的禮遇，包括示範教學的演練（依然採用台灣注音符號，公開示範教學）……整場，整個僑中，整個暑期來自臺灣的「國語注音符號」就在僑中……滿天飄揚……

可！僑中學院的校長顏長城先生，依然滿臉歡笑的給予大肚能容的歡迎，依然用最最親愛、最最熱情的招待奉獻愛心……帶給參予研習的老師們無限溫馨……令人留下深刻的印像！那份感動，那份親愛自今依存……。

誰說兩岸不能通？誰說風雨它無情……？

春風化雨

是的！親愛的老師們！讓我們一起努力！

讓我們互相祝福！彼此加油！

相信只要有信心，只要肯努力……

春風肯定能化雨……
相信只要我們能好好攜手合作，
早日達成兩岸的和平統一！
屬於我們的明天會更好！
且看我們風裡雨裡……
一起舞春風……

原載二〇〇一年八月二十六日菲華聯合日報辛墾文藝社。

爲吳京博士喝采

不盼望奇蹟，不指望收穫——
默默的我跟隨著人群靜候一場未經太大宣染的講座，
心中一片清澈、寧靜。
就因為大太陽下是乎一切如舊……
今日無風、無雨，只有烈日當空——。
坐定會場後方知來者何人。
其乃轟動臺灣一時的長者吳京博士——中華民國前教育部部長。
今日的講題：「二十一世紀中華文化的發展」
這是一場被認為相當冷門，毫無新意與用處的講座……
一大早僑中學院即忙碌的因客滿而臨時改換大禮堂，
主辦單位愕然的面對四面八方……擁進之聽眾堪稱憂喜參半……
今日的來賓……大部份乃是熟悉的文教界前輩與僑界長官……。
歷經兩個多鐘頭的講演，令我不自覺的挺直了背脊，暖意自胸臆間溫馨的擴張

開來……，一顆心也緊跟著『活躍起來』。

回想自己……長久以來幾乎是痲木的活在一般人那種「處事、忍事，不惹事，自然無事……」之境界。

那屬於逃避、烏龜式的生活方式……日復一日的在自己的教育崗位上單打獨鬥……拚命的用心教學……。

那幾乎真是屬於不聞國家事……不問社會情……不惹是非煩……多少年來在教育的搖籃裡……真是養成怕風也怕雨的懦弱……。實在丟失了很多屬於自我的風格，也丟失了個人的氣度和瀟灑。長久以來生存於渺小的自我空間，相對的也掙扎自栽於小情小事小肚中而不歡，處於作繭中而不能釋懷……

如與今日那大氣凜然的吳京博士相提並論？怎不令人汗顏、慚愧？……吳京博士一派文質彬彬，恂恂儒雅的風範令人舒暢，在他整場的講演中表現得十分得體適中……言談裡沒有派別、黨分，沒有政治評論亦無人身攻擊……。

令人激賞的是其溫文爾雅的言論中充滿睿智，雖其個人文學造詣頗深，但並不大發謬論或阿諛諂媚。

他以能言善道的口才，不慍不火的書生本色，一路道來神情出奇的淡定、老成，神采飛揚，點滴柔情顯露在和藹的笑顏中，閃耀出長者成熟的智慧、果斷、勇敢……還有那滿心對萬事萬物的「博愛」。

那種愛！那份情……是有別於一般人的寬廣無私……恢宏氣度，令人由衷感佩……。

整場講演中吳京博士不分析二十一世紀對中華文化的宏論，他詼諧風趣的只是談論自己，談人生哲學。

在他清淡溫文的談吐中卻蘊藏著無限的魅力……

六十好幾……走過大江南北，渡過狂風暴雨的他……依然具有翩翩風采……大將風範的他……竟能輕巧毫無感覺的引導聽眾進入屬於他的生命……屬於他的世界——屬於他一生的坎坷情愛……

一個出生南京，原籍江蘇，成長於台灣，卻生存於美國三十四年的漂泊漢。

一個盛年醒悟……一心回歸台灣，想回饋社會人群，以求完善自我的好漢，倘若心中無愛無情，如何長手寬肩的揮灑屬於自己的有情天地？

一位胸懷磊落，大開大闔的智者，其那安理知命的風格，倜儻不凡的氣質，實令人喝采。

若說今日的講座，最大的收穫就是喚醒了我『愛的真諦』。

提醒我更該暢開心胸，邁開步伐……走向世界……奉獻人群，服務社會……讓心中的愛真真實實的發揚光大……

是的！讓愛成長……走出大愛……

經由這位智者的啓發……讓我連想到證嚴法師所講的『長情大愛』：

上人說：人生最美的，就是心中有情，有愛，

要說情，就說長情；

要談愛，就談大愛。

要努力將情拉長，愛擴大——

從自己的心擴大到自己的家，

從自己的家擴大到整個社會，

從整個社會跨越國際到普天之下，

使人人有情、有愛，

這種長情、大愛的境界，才是真正的海闊天空、自由自在。

是啊！吳京博士所展現出來的不就是一種『長情大愛』？

由吳京博士充滿感性、溫情的言談中，實令人繞樑，他談到個人一生中最大的成就竟不是當台灣的教育部長，亦非台灣高等學府——成功大學校長，而是「有一個幸福美滿的家庭」。

那一份戀家愛家之情……從一位大漢口中溫柔的道出……讓人感覺溫暖……也陷入反省反思……

吳博士最溫馨的往事……竟然是「與兒女共同成長的紮實歲月」……。

他認為一個人能以全心的「愛」去參與一件事，去認真學習，去負起責任，一生即沒有白活白過。

他以為：「天下最好的父母是沒有經驗，由摸索中學習成長的父母。」

吳博士強調教育的目地是在於讓「青出於藍」，「一代勝過一代」……。

至於教育的方法，實無須過於壓迫、限制，為人師長父母之責乃是「站在旁邊，但懷有無限愛心，正確的給予孩子們適時適度的輔導。」

也就是說身為老師身為父母對待學生、兒女應該是具有更多的愛心與體貼……千萬莫給予太大的壓力與限制……更不可霸權控制……

談話中他對家庭，對兒女的關愛……充份表現出一種恆古長存，切不斷趕不走屬於那種溫柔長情的天倫親愛，令人倍感羨慕、溫馨。

而在中西文化衝襲下，吳博士以無限幸運，感恩的心情，分析了自己歷經兩種不同文化衝襲，故能比一般人有幸更加成熟成長，更能以寬宏的心態了然的去接受萬事萬物的變化……。

促使他在歷經蛻變的苦痛和成長的辛酸後，遂步培育出處變不驚，深諳人性的自信與辦事能力。

相信這種智慧，絕對是他老人家六十多年來認真的走過歲月，跋涉世局，亦歷經煎熬後，自然養成之習性磊落，光華內蘊，氣宇軒昂的風範。

由他那帶著泥土味，純樸的話語中，令人相信其忠貞可照日月，他愛國、愛家、愛學校、愛社會、愛世界也愛宇宙、地球。

是這股氣勢磅礡的「大愛」令他個人晶亮的閃爍出光華，展現出卓越不凡的才能。

也就是那份心中長久醞釀的「長情大愛」促使他放棄長居美國三十年所打下的美好江山，與安逸的生活……回歸臺灣，一心回饋哺育他成長的國土，並接受教育部長之重擔。

吳京博士言簡意賅，擲地有聲，真情真性的談論其任部長時，如何一系列的提出改革，並付出行動，他曾經是那麼賣力的帶動教育部，帶動成功大學，大刀闊斧的進行改革，促進競爭、團結，並積極善用人才。

無論其身為部長或校長都是那麼率性，日夜賣力的運籌惟幄、義無反顧，傲骨的頂著強風大雨向前邁進。

由其平順斯文的言談中，讓人深深感受他內心的真誠……那是一顆鮮紅的心……有著強烈的大愛……正熱烈湧泉出綿綿不斷的情意。

這樣一位自認不是教育家，不是政治家，只是一位小市民的長者。

這樣一位盡心賣力的社會工作者，他的才幹風範，氣度與領導能耐……您能不贊嘆喝采嗎？

吳京博士以自己生平的故事，以自己的為人，處事的冷靜、樂觀還有那善良的心……認認真真的教育了我們。

他自己一生就是以「長情大愛」努力的耕耘，一心想實踐孔子所謂的修身、齊家、治國、平天下，也就是一心一意努力邁向大同世界的理想境界。

他指出二十一世紀是中國人的世紀，我們這一代必須勇於承擔責任，莊敬自強，加倍的努力耕耘，也才能肩負起時代的史命。

至於說到兩岸關係，他一再呼籲，盼以「愛心」譜大道，以「文化教育」打前峰，兩岸連心攜手合作……始能同心協力走向二十一世紀屬於中國人的世紀，也才能夠發揚我博大精深的中華文化。

在此可以肯定的是吳京博士確實有其高尚而卓越的見解，真是臺灣難得一見的奇葩。

後學衷心的祝福吳京博士順風順水，一帆風順……

並期待吳博士能再接再勵使自己的盛年更充盈，讓自己的生命再出發，一個人當其全心全意的付出時，就是一種收穫。

而誰能勇敢的通過了考驗，屹立不墜，誰就是贏家。

今日講座……我所得到、聽到的……何只是吳京博士個人動聽感性的聲音與故事……我明白了人一生想活得更精彩……

必須獻出生命中的真摯大愛……真情真性的暢開心胸……懷抱大地，關愛萬物……

必須努力的走出屬於自己燦爛的天空……

勇敢的接受不一樣的挑戰與命運，

同時熱情的擁抱屬於自己悲歡喜樂之人生……。

是的！讓自己過個有意思「飛揚瀟灑的一生」。

朋友們！讓我們再次為吳京博士喝采、祝福！

願屬於我們的明天都能更好、更美、更亮麗！

讓我們今生在教學的大道上也都能「瀟灑走一回！」

※後記：參加菲華教育學會、世界日報主辦之研討會，由台灣前教育部長吳京博士主講「二十一世紀中華文化的發展」有感。

原載菲律濱世界日報一九九八年七月華文教育版。

原載菲律濱聯合日報一九九八年七月二十八日 晨光文藝社版。

永遠年輕的心

時下年輕人的特徵，應該是「年輕、健康、活潑、熱情、敢愛、敢恨」……

而身為一位「教書育人」負有教育使命和職責的工作者，除了必須具備教育的基本理論，知識和基本技能外，我以為最重要的是一顆「愛心」，而且應該是一顆「永遠年輕上進的心」。

「教育」是一條漫長的路。成功——除了不斷努力，它——沒有捷徑。

多少名家智者一再告戒後人：

「一分努力，一分收穫！」

「要怎樣收穫，就怎栽！」

尤其時空轉換，歲月如梭……面對日新月異的新時代，身為教師者若永遠守住古老、固執、守舊……讓自己躲在舊時代的模式中喘息，不願改變、開放，甚至固執己見，不接受嶄新的理論、科技、知識……讓自己就這樣隨著年齡老去、枯乾、熄滅……

那是悲哀，是落後，是不幸。

就是因為為人師表「任重道遠」！
就是因為「一日為師，終身為父」！
如此如此的嚴重……。
所以更突顯教師的地位、責任與能耐是那麼不容輕視、忽略。
當一個懷有滿腔熱忱的教師一投入「教育的行列」，就必須……就有責任付出心血、全力以赴，為教育下一代做出貢獻。就有必要擁有一顆健康的心靈，讓自己跟著教育，配合時代，不斷的尋求創新、進步。尋求自我突破，以完善自己造福別人。
當教師心甘情願踏上教育這條「不歸路」時，就必須永生……。
是的！就必須讓自己成為一盞不滅的燈，除了光輝自己，最重要的是照亮別人。
那麼如何讓自己永生？
如何讓自己「蠟炬成灰，淚始乾」？
我以為首先應該讓自己先擁有一顆永遠「年輕的心」。
才能在自我茁壯，摸索中成長為有效能、優秀的教師，也才能自信的踏上不朽的路。
一位達到讓學生、後人永懷難忘的教師，一位在教育的道路上鞠躬盡瘁、兢兢業業……走上真正的不朽……他自然永生……
是的！

一位具有效能的教師，首先應該是一位心裡健全、心態年輕、健康的教師。

他必須一心一意締造積極、富人情味，以及充滿生趣的教室氣氛，自然能散發智慧的光芒與溫柔的愛心，無論在任何環境下都能設法讓學生沐浴在春日的和煦中。

一位有效能擁有年輕健康心態的教師，必須溝通、尊重、接納學生，最重要的是對學生有一顆關懷、熱情的愛心。

身心健康充滿活力的教師，必須積極，有自信，提供學生自由思考，發展而不放任的自我空間。並以符合社會行為、標準的方式產生互動。那是民主的，富有彈性的教學過程，以此激發學生的獨立及創造性思考。

再者，為人師表應該不斷反省、檢討，不能也不該只是一味指望接受眾人的歌頌、感恩或一心渴望獲得「掌聲」。而乎略了自重、自強、自修。

時下我們教師之所以未能克盡經師、人師之職責，往往是受自我人格特質的影響。

教師的態度與行為，受自我人格成長過程中諸多因素之感染。

我們不能不心驚，不能不重視為人師者，個人的態度與行為均密切的、深遠的牽動，影響著學生的學習心態與成果，甚至或多或少牽引著其將來的人生觀。

所以為人師者啊！我們最嚴重、最不該的是萬一落下摧殘幼苗的罪狀……更不該的是灰黯的自我摧殘、自相妒嫉、設陷……彼此攻擊啊！

您瞧！同樣的耕耘，同樣的付出心血，同樣的春風化雨，在不同的機遇，時空

裡，有的教師一帆風順，有的卻心灰意冷，含怨自棄……

多少教師在不能認命、挫折、打擊下，對教育不再熱情，不再熱血，不再努力……於是那份不滿，不平衡容易使人產生懷恨妒嫉，以及「得過且過」、「混日子」的心態，那麼那顆心也就病了……。

在不斷的自我摧殘下，喪失的是鬥志，是赤誠，那顆心於是他不再年輕……。那盞燈，那燭火也就慢慢熄滅……不再發亮。受傷的心也將緊聚跟著未老先衰而無力自強……。

那是悲劇！

是自我的摧殘、束縛。

那是無法看開、突破。

因此！如何面對現實？健全心靈？修補自我先後天之不足？我想那就必須擁有一顆嶄新頂天立地，勇於反省、認錯、認輸上進的心。不怕艱難的重新出發，並俱備接受再教育的勇氣與果敢。讓自己的心年輕，讓自己充滿新生，充滿活力，也讓自己熱情的擁抱嶄新的明天！

「教育」其實是一條不容停頓的大道。

「教育工作」確實是受人尊敬，艱辛的路。

「教師」必須俱有無比堅強的鬥志，完善的人格和偉大的「愛心」。

那麼毫無疑問這顆心，它必須是「永遠年輕、健康」的！

願以此與每一位辛苦耕耘的教師們共勉！

原稿刊載於菲律濱世界日報附屬世界學生報（12/22/1999）
原稿刊載於菲律濱聯合日報二〇〇〇年元月辛墾文藝社版。

婆娑起舞

校聯創新、大膽的也讓老師們舞彩翩翩

教育的道路

「教育」……它是一條漫長艱辛的道路！

人人都說：老師必需是……

※有效能的老師！她必需是一位心理健全、心態年輕、身體健康！循循善誘又溫柔體貼、永恆不滅的巨人……。

人人要求老師都是神！因為所謂：

「愛自己的兒女是人，愛別人的兒女是《神》！」

個個都說：老師任重道遠！必須有專業修養和職業道德！

為人師表必需認真、幽默、動作可愛、表情自然、誠懇、加上有點丑角的開朗還必須具有積極進取、不斷進修的努力精神！

對！對！對！沒錯！以上所言都對！可！問題出在……如何讓老師們都擁有一顆強壯、健康，經得起風吹雨打，忍苦受氣，不怕折磨、耐用的「心臟」？……如

何讓老師們偶爾鬆弛「教學壓力」？舒展長期緊繃的情緒？也讓老師們有「發洩心情」的管道、「娛樂自己」的空間？……必竟老師們個個都是有血有肉，七情六慾不缺，真真實實的「人」！也都平凡！要想達到「神」的境界……除了不斷的修持努力！我想還必須擁有「上帝的博愛」！「菩薩的慈悲」……。

爲校聯喝采

在此衷心感激菲律濱華文學校聯合會首創「菲華校聯教師民族舞蹈進修班」！讓我菲華學校數百位老師，能興奮的利用星期假日前往僑中、中正學院進修舞蹈課！

雖然有些人或許不明白？為何參加練舞的老師大都不年輕？為何讓一群上了年紀的老師去學民族舞蹈？作用為何？

當然借此文我們呼籲：能有更多年輕的老師加入舞蹈班的行列！尤其是幼兒園的教師……相信您會有意想不到的收穫！

就由於今日的舞蹈班是一群不是很年輕的老師報名參加！校聯能有魄力的按原訂計劃開班免費授課！並聘請來自中國大陸先後任教於僑中、嘉南兩校的一流民族舞蹈專業教授何佩蘭老師，親自授課指導！後學對校聯不禁鼓掌喝采！

何佩蘭老師個人檔案

何老師畢業於福建省藝術學院舞蹈專科！曾分配服務於廈門市歌劇團！並續接受中國北京舞蹈學院「民族民間舞蹈教育系」一級教授許淑英老師的個別指導！何老師個人專修「中國民族民間舞蹈」。對民族舞有很深的認識與濃厚的感情，為人謙虛、溫柔婉約。她授課認真，耐性教導，循循善誘！對每一節課都費盡心思預先具有完善的準備。頗受習舞老師們的尊重與愛戴！

校聯的心意

再次感謝校聯！真心體諒「老師們的身心」缺乏運動！情緒需要調解、鬆懈！而首開紀錄創辦「教師舞蹈進修班」您瞧！在「舞蹈班」每一位老師無論年輕與否都不願辜負校聯的善心！是那麼……風雨無阻的！是那麼……賣力盡心的揮舞！兩小時的連續勤練，其實依體力，依能耐對老師們都已是體能透支……但歡笑與汗滴，卻能將疲憊化解在美麗的舞步與活潑輕快的民族音樂中……。

民族舞蹈

舞蹈的訓練靠毅力，它是經由肢體和肢體與空間的關係，來尋找出動作的各種可能性，影響人的情感表達及與外界人與人的溝通。這些個人的動作特徵是瞬間情緒的抒發，也是反應出個人的習慣與個性。各校老師除了能鍛鍊體魄，得到藝術的薰陶，還能借此得到情緒的鬆弛、彼此的認識、溝通、並廣闊視野！

尤其中國民族舞蹈境界優美！它就像中國話一樣，有其獨特的詞彙、語意和文法結構；它使舞者在舞臺上，可以輕易地訴說自己的思緒情懷……。

中國是個歷史悠久，文化淵遠流長，燦爛的多民族國家，各民族分別具有屬於自己豐富多彩的民間藝術，直接反映出各民族的生活內容與風俗習慣，它不但具有舞蹈藝術價值，還是一項珍貴的文化產物。

中國人借著手舞足蹈的動作，表達對天地鬼神的崇敬，演練現實生活的細節，抒發彼此歡暢愉悅的情緒，又兼收自娛娛人的表演效果，這就是民族舞蹈基本的要素。

婆娑起舞

舞蹈和感情不可分離！尤其是民族舞蹈生氣蓬勃，深具民族特色。諾蓋草原的民族舞透過手部、身軀、腳位的變化演繹飛舞出各族不同的動作、神韻、氣質、風味。

透過何老師細細的分析講解，一族族的介紹，一步步的帶動牽引，讓我全體老師由一次次「基本功」的加強訓練，也算入門。何老師認為動作要稱得上為舞蹈，就必須具備基本要素，如：身軀、姿態、舞步、手勢、腳位及力效、技術等組合。

民族舞蹈動作經過提鍊和美化，有節奏、有規律的人體語言，加上韻律，輕快活潑的舞動……女性展現溫柔與典雅，男士透出強壯與熱情，表達對自己傳統文化的驕傲和滿足！

經過何老師的教導，學習老師們都能輕鬆自在的掌握不同民族的特色！譬如：藏族民間舞首重勤練「動律組合」、「基本步組合」。藏族舞以膝部有規律的顫動、曲伸加上長袖飛舞，配合帥氣的皮靴跳躍！就是其表達感情的主要方式。

蒙族民間舞首重「硬腕組合」、「硬肩組合」。蒙古族遊牧於中國北部廣闊的大地上，形成了獨具魅力的草原文化，其服飾也具有鮮明的民族色彩。

新疆維吾爾族舞首重「踮步組合」及「三步一抬組合」其在歷史上創造了極具特色的音樂舞蹈文化，形成活潑生動的「歌舞之鄉」。

朝鮮族民間舞首重「平步組合」「鶴步組合」。朝鮮舞是屬民間即性發揮，隨性而起的自然韻律舞蹈。

當然接下去還有一些不同民族精采的特色……如漢族、滿族等。

點燃心中的明燈

隨著「舞蹈班」優美動人、輕快活潑的音樂，老師們一個個神情愉快的翩翩起舞！時而規律有節奏的顫動、屈伸著膝蓋，時而自然勾腳、雙手扶跨、髖前劃手……。

時而原地旋轉！時而退踏步、連三步、悠滑步、雙撩、長靠、晃蓋手……曲臂、勒馬飛鞭步！

時而隨著顫動的舞步，揮舞的手臂，老師們高昂的情緒，伴著辛苦的汗珠……遺忘憂煩的個個敞開了心胸！是那麼歡悅！激昂的婆娑起舞！也更清新的燃亮了心靈那一盞盞不滅的明燈！

原載二〇〇〇年十二月二十六日聯合日報耕園文藝社。

感恩的心

謹呈獻給菲律濱華文學校聯合會

時代的巨輪

面臨飛越狂奔的新新年代！面對二十一世紀二〇〇〇年那「電腦科技」獨霸半邊天的嶄新風采……到底該如何？我們才能跟得上時代的腳步？而又不會被當今狂飆、炫酷的新新人類畫下深淵的代溝？

尤其是……「為人師表」的你我……到底該如何讓自己擁有一顆年輕健康的心靈？讓自己跟著教育，配合時代，不斷的尋求自我突破？以完善自己，造福別人？

是的！親愛的老師們！保有我們健康、快樂的體態！培植一顆有情、懂愛溫柔的心！擁有一份感性、成熟的幽默！努力耕耘，不斷灌溉我們自己那需要養份、陽光的心田！同時開闊你我海闊天空，容人納物的寬大胸襟……讓我們都能隨著時代，緊跟著潮流成長、茁壯！不斷的自我充實、成長、進步！讓我們真正擁有健康、美麗、懂得愛人與被愛……那純潔、感性、活潑又美麗的每一天。

感謝有您的扶持

在面對如此不一樣的年代裡，在時代巨輪不斷的飛越中！真心……真心感謝菲律濱華文學校聯合會！就因為有您……有這麼一群肯為菲華教育默默耕耘、盡心努力的前輩們！就因為有您的指導策劃！有您的用心領導！讓菲華全體中文教師能跟得上時代巨輪的轉動！接受嶄新的再教育！讓我們即時的得到養份，接受充足的陽光……也讓我們的明天肯定會更好！

謝謝校聯！您費盡心力為老師們爭取福利！感激您一年又一年所主辦的「暑期師資講習會」！及那一場接一場豐盛、美好的講座安排！讓老師們得以再教育！接受更新更好的教育概念與教學方法！也使老師們充電後，行駛在教學的路上更有效率，更順心如意！

感謝校聯！感激您所主辦的那一場接一場，一階又一階「免費」大規模的「菲華校聯教師中文電腦進修班」！以及「菲華校聯教師民族舞蹈進修班」！

遨遊在電腦的炫酷中

話說後學自認學養不足，一向對任何給予教師「自修、充電的機會」只要時間允許，絕不輕言放棄！故此次一連利用星期假日同時報名參加了多次、數階「電腦、民族舞蹈進修班」！若問心得……真是千言萬語，感觸良多……

試想後學原是個電腦白癡！因為不知、不解、不懂電腦科技……而一再心生恐懼！逃避！家中電腦購置啓動整整一年……卻像仇人般互相敵視……無緣聚首。自我雖也深知電腦科技……如今正日以繼夜的在全球各地迅速漫延滋長！雖也明白……

自己絕不願被大時代的舞台淘汰、拋棄！但因電腦新科技正統階梯式學習……「教師進修無門」！而後學恐懼電腦之心真所謂無藥可救……

它就像鬼魅般如影相隨……。

可！因緣聚會！自從後學鼓起勇氣、義無反顧一頭栽進校聯的電腦進修班……。

讓人真正體會所謂「學如逆水行舟，不進則退」！真可是不努力跟不上時代的潮流……尤其身為老師……真是「不進則退」啊！

所謂「春風問路何處尋，山嵐海黝皆隨意，海邊無垠一色天，秉燭夜遊大塊美。」美啊！好一片海闊天空，曼妙的網路資訊！真是天地一色清……更是所謂「瞻之在前，忽焉在後，驀然回首 Internet 已在燈火闌珊處」……令人心動啊！……。

老實說真正跨入電腦世界，而有所得！有所獲！……是經由校聯精心挑選的多位電腦專家，共同攜手努力的經營教導，是透過三家學校「中正、聖公會、嘉南」輪流義務提供電腦及場所所習得！

校聯所聘之電腦老師，個個十分敬業努力！有計劃的聯手……從初級班中文輸入法基礎入門。由啓動 Windows 進而導出視窗的相關概念，及輔助系統的功能，再淺談分析整個操作環境的佈局與方法！

經由 Microsoft Word 視窗的開啓，闡述檔案的管理方式及實際控制、應用。並透過 Microsoft Excel 視窗的開啓，教授「學生階段成績的平均」和「名次排列」。

還有經由 Microsoft Power Point〈公司簡報〉，學習製作投影片版面設計及投影實際操作介紹！

如此一連串的學習講解……老實講後學因此也終於茅塞頓開，初窺電腦的奧妙，心中雀躍不已！終於不再恐懼！且具有一份《了然於心的果敢》……。

如今也能自己漫步遨遊於 Internet 這全世界「網際網路」最大的圖書館！飆駛在這最炫！最酷！最長的資訊高速公路中……追尋那浩瀚無際的網路知識！真正去領略資訊世界的曼妙！甚至能使用交友傳呼軟體 ICQ 及 CICQ、利用 Messenger 在網路上海闊天空、呼朋引伴的自由翱翔……。

衷心的感激

是的！這一切都要歸功，真心感激「校聯電腦進修班」的啓蒙、教導。更要感謝諸位勞苦功高的電腦教授們！沒有您兢兢業業的耕耘，細心耐力的牽引！如何讓一大群，這數百位華文老師們更上一層樓？如何讓老師們抬頭挺胸，昂首闊步暢遊於電腦的網絡世界？開啓宏觀國際的資訊之門？

衷心感謝菲律濱華文學校聯合會！善心善意的為老師們做出貢獻與努力！在此帶著一份感恩的心，後學相信我所有參加進修充實的菲華教師們都將站在自己的崗位上更努力！更加油！親愛的朋友們！讓我們心連心！手牽手共同點燃一盞盞不滅的燈！讓我們一起努力光輝自己！照亮別人……讓彼此生命的花朵更美麗！

原載二〇〇一年一月十六日菲華聯合日報耕園文藝社（同時刊登於菲華各大報）

掌聲響起

他哭了……

就那麼直直的臥伏在籃球場中，

將臉整個掩抱住……

是心碎了……。

其他的球員，一個個垮著臉，不約而同的呆坐、蜷曲在球場一隅。錯愕的張著口，驚呆的搥著地，不甘心的抓著頭……。

是那麼沮喪消沉……

恨恨的捶著自己的胸口……

瞬時！是此般的萬念俱灰……。

失望！痛心！悔恨！

他們都含著淚……靜了……靜下來了……

垂頭喪氣的嘆息！

為那一分……一分……僅僅一分的球……

就那麼輸掉了本屆『中學杯』的冠軍……而茫然若失……

傷心悔恨的落淚……。

無怪乎他哭！我也哭了！

流著淚，抽搐般的悸動，心酸的欲跑進場內擁抱這群「中正」學院的勇將……。

瞪著「嘉南」中學的冠軍……那啦啦隊滿場的歡呼……

心中瞬間吶喊著……「不對！」此時此刻「中正」不應該沒有掌聲……

我心急的揣揣不安……

「中正」的啦啦隊……卻一時都呆愣了……靜了……

個個錯愕的站著……正為最後「應該投入」而失誤的那一球失望、傷心……。

卻遺忘了現場那滿地一個個蜷曲、抱膝……傷心悔恨的球員，需要「愛的鼓勵」，需要「掌聲再次響起」……。

我無限心急的心底掠過一陣刺痛，整顆心也跟著淒楚起來……

多想吼叫那一群站滿半邊天的啦啦隊……

多盼望他們能適時的給予「勞苦功高」的「中正健兒」掌聲鼓勵。……

多盼望他們能如「尚一中學」的啦啦隊，忠貞的為他們「連連敗北」的校隊鼓掌並「肅立」致敬，激昂的高頌校歌，表現出那種「心心相連」的情愫。

可惜！什麼都沒有……

只有一片失望、失意……

讓靜默陪伴著球員們心搐的失敗與挫折的淌淚……。

使人有説不出來的心傷……。

然！其實「中正籃球隊」並沒有輸……

無論技術、默契、衝勁個個球員都表現得可圈可點，只能説「時運不佳」最後竟以一分飲恨敗北……。

由開場到結束的今日，每一場「中正球賽」都有我，隨著他們脈動的血液、呼吸、奔馳的雙腿，搖撼活動的雙手，激烈的動作、表情，場外的我……我吼！我叫！我鼓掌！我吶喊！……

除了興趣，那是一份懇摯的情，一份深切的愛，一份忠實的心。

只因，只因我們同屬「中正一家親」……。

雖然沒有一個球員熟識，但是多日來看著他們辛辛苦苦、汗流滿身，勇猛的戰鬥……

那份團契、忠心、認真、撼動了我！

也深深的吸引了我的注目關心……。

不自覺的……我來了！

場場陪著他們喘息、呼嘯、悸動著相同的脈搏……。

今夜！今夜！就是今夜！……

在馬尼拉「瘋狂的停電」……

四下漆黑的今夜，依舊阻不住一群擁向「中正籃球場」的觀眾。

這是一場絕對的「生死戰」！……

是一場「誓不兩立」……

本居『中學杯』籃球冠軍爭霸戰。

場內高昂的情緒，震耳咚咚……砰砰的鼓聲……。

又是那紅番般喔喔……哦哦規律有節奏的吶喊、隨著節奏……不停搖晃的啦啦隊，聲浪響徹雲霄……。

使人緊跟著不自覺的搖擺、心悸。

滿場激動的狂叫、呼嘯、吶喊是場內外一張張同樣緊張、認真的臉孔。

爆滿的群眾遺忘了時間、綁票、停電和危險，共同為這一場球賽揮灑著激昂的汗珠。

兩校的啦啦隊，使勁的吼喊狂叫著，為每一個失誤、丟球、誤傳尖叫，又為球員漂亮的空心射球、秀球、擦板切入、搶球……鼓掌、吶喊……。

緊握著雙拳……不顧因感冒暗啞的喉嚨……我一下子又吼又叫，瞬間又詛咒每一個即進又跳出籃筐……那無情的球。

更有失風度的為敵隊那失誤、丟球、誤傳……高聲歡呼……。

緊張！緊張！真緊張！

刺激！刺激！真刺激！

過癮！過癮！真過癮！

又是一個左鉤球擦板進籃！

又是一個漂亮的空心投入！

使我連連拍紅拍痛了雙掌！……

吼叫！吼痛……吼啞了喉嚨……。

而我可愛、可敬的球員們！是如此漂亮、精神奕奕的全場交錯奔馳、戰鬥著！使人歡悅！心疼！

今夜……這一場冠亞軍賽……將本屆中學杯籃球賽，掀進了最高潮最沸點……。

「嘉南隊」是一匹勇猛的黑馬……一個個威猛高挑……

以「八勝二負」的戰績再次挑戰「中正隊」。

那連連多次的平手……

「旗鼓相當」的實力……由開場一直不相上下，幾乎到最後一秒還分不出「鹿死誰手」的激戰……。

當時間由五秒、四秒、三秒、兩秒、一秒的逼近時……

是最後那一秒！……

「中正隊」由「十四號球員」快馬切入！……加速急攻！空心入籃！

瞬時！滿場爆叫！呼吼！

終於以「七十五」比「七十五」……在最後一秒「時間到」——

「雙方平手」！！！……
那是個「絕處逢生」的轉機……
一個關鍵性的「殺手球」……
於是大伙激情的擁抱著「十四號」又跳又叫！
我流淚了！憾動了！也心酸了！
好小子！好一份「中正精神」！令人激動！淌淚！
誰說這一群好孩子輸了？
那麼一場漂亮的籃球！
一個個孩子掛著高漲的責任心、榮譽感、愛校心……。
他們勇敢！努力！戰鬥！
他們團結！忠心！拼命！
跌倒了！流血了！受傷了！
最後竟為了一分之差……痛心疾首的敗北了……
於是他哭了！
就那麼直直的……讓人心碎的臥伏在籃球場淌淚……
我也哭了！
是心疼！心痛！心碎的哭了！
無限傷心的一路摸黑……拭淚……

掛著不忍之心狂奔回家……。

久久無法平順心中的起伏與情緒的激昂……

按捺不住的握筆揮墨……。

中正健兒們！請莫再悲傷！

「勝敗乃兵家常事」

其實真正的比賽中，最重要的不是冠軍的擁有，而是整個競賽中團隊完美無懈的努力……

那份不屈不撓，勇猛的鬥志和堅守運動的原則，

還有昂首邁步，勇往直前……那股！「中正精神」！

可愛的你們已經踏實的盡到了責任……

在我心靈中……孩子們！你！永遠是「不敗的勇士」！

請接受郭老師真心的喝采！敬禮！及掌聲鼓勵！

盼你們記取失敗的教訓！再接再勵！

昂首邁步！飛越自己！再次努力！

明年的今天……

請莫忘……讓「掌聲再次響起！」

※後記：菲律濱華校每年的「中學杯籃球賽」競爭十分激烈！本文記載中正學

院與嘉南中學籃球校隊冠亞軍爭霸比賽之況。

原載菲律濱 環球日報 副刊「晒穀場」文藝版。

不歸路

「APIR－！老師！」

「謝謝您！老師！」

「I LOVE YOU－！先生！」

「先！我會 MISS 您！」

「生！我們都愛您！」

……

每當畢業鐘聲敲響，目光炯炯的望著掛著胸花，環著 SAMPAQUIT，（茉莉花）天真可愛的孩子，我激情的一個個握緊孩子的手說「再見」道「珍重」。眼眶總是驀然潮濕……。

胸臆間一陣陣翻騰，那份泫然欲泣、無限難捨、雜亂的情愫是那麼莫名、哽咽的充塞。

於是我只能小心的控制滾轉的淚水、微顫的嘴角，努力的吸吸鼻子，拍拍孩子的肩胛、胳臂，愛憐的摸摸他們的頭，微笑的祝福他們……。

※　※

或許生命只是個幻覺，但孩子們此刻給我的感覺是一份十足的溫馨，活生生的情愫……。

或許有人會嘲笑我太感性……

但一年年歡送同樣可愛的孩子畢業，看著他們一點一點的長大，一年一年的懂事……。

那份喜悅、心慰……筆墨難言。

我無法沉默、麻木於他們給予我的溫情、鼓勵。

更無法不心動於他們很努力的想學漢文，想講中國話，但是那份受環境限制下，學習的無奈、害怕與恐懼……使他們怯步……。

我無法不訴說自己是多麼心痛……。

又是多麼的關愛他們……。

※　※

回首一九八〇年由台灣結束了自己浪漫的戀情及辛苦打下的事業江山，亦然退隱商場……。

懷著火鳥重生的果敢，浪跡菲國。

當年豪情一片。

年輕的心，熱情的血。

曾經，曾經在台灣用力的揮灑出多少……屬於自己的夢。

那不向命運低頭的勇敢，是自己固執不馴的個性。

活得充實、乾淨、純真……也一直是自己不受環境改變的執著。

於是年輕的自己，在好友相伴下，背著簡單的行囊、T恤、牛仔褲、布鞋……一貫的輕快、囂張的流浪於菲國的……鄉野離島。

※　※

翻山越嶺、搭船、走路、騎牛、坐馬……。

吉普車、馬車、三輪車、獨木舟……。

就這樣，我愛上了這一片土地。

當年……

自己來到這依然相當純樸、保守的國度。

天真的穿著不被認同，短短的迷你裙、露背裝、時髦的涼鞋，年輕傲然的晃著自己一雙修長的腿……兩束搖擺不休、彩帶飛舞的長髮，真真切切的去感受充滿異國情趣的……鄉野人情。

那一張張似曾相識黎黑、憨厚、純真的土著，晒亮的雙眸……當年在我心中油然湧現一股脈動、熟悉的激情，是那份震撼、悸動及隱隱遙遠的熟悉感……前世今生的呼喚著我。

於是我不再流浪……

留下來……

不再離去……。

※ ※

而當年的我……，是一份不經意的心跨入校門，踏進教育界。

於是接下來的……是那份執著。

是那份再次揮灑的勇敢努力……

是那股置之死地而後生的勇敢。

也是那份不向命運低頭的判逆……。

使我年年、月月陪著孩子們同悲同喜。

跟著學生們同進同退。

懷著一份無法卸肩的責任，一年比一年沉重的使命感，它交織成一股無法遺棄的今生情愫……。

※ ※

校園內……

欣賞著一顆顆純潔、善良的璞玉。

令我心動愛憐的是孩子們那份天真可愛的信賴。

幼稚、赤子的忠心、努力與跟隨。

無法言喻……悠悠歲月……十幾年來到底是自己真心努力的想培育這些僑界子

弟……。

而或只是這一群群善良、純樸的孩子們伴著我一起成長、茁壯……？

※　※

然，在教育的搖籃裡……悲、歡、喜、怒的漫漫長途。

即使是單純的執教生涯……。

依然充滿人性自私、複雜的心態，恩怨不平的鬥爭。

妒嫉、陷害、謠言、猜疑……。

這一些些都是教育者的大忌。

可惜它依然深植人心。

也常使有心人對教育界……望而怯步。

更傷人於無形、無跡。

那份無法申訴的委屈，在不平衡的心態下……

或許忍不住的老師，受不了的就放棄、離開了。

※　※

多年來，我無限心悲……失去的好長官、好老師。

我心疼丟失的一份份情愫，一份份力量。

有如當年揮手而去的施秀珍校長，而今不該出走的邵院長。

他們的離走是菲華教育界的損失，一份重大的創傷。

尤其一度代表「中正」的驕傲，帶領整個校園，卻飛向更高更遠的邵院長，突然的丟下一個大家庭……瀟洒的出走了。

如何不使人揪結一顆為教育前途憂鬱、怔忡的心？

這麼一位僑界不可多得，文武全才的教育前輩，就這樣讓其飄得更高更遠？再也追不回、尋不到歸路？

一切的一切是否存在著遺憾？失誤？……

※ ※

而當曲終人散……畢業的孩子一個個激情的搖晃著……我所伸出來祝福的手，留下聲聲稚嫩、可親的感謝……。

一切靜止後……。

多年來，第一次的挫敗感侵襲著我……。

雖然這是我最辛苦的一年。

也是付出最大代價的一年。

亦是拼命的為學校掙得校外三面牌匾……光榮的一年。

但，冷靜中檢討自己年來所受各方的壓力、誤解、中傷，一切的得失……。

自我深深的陷入一片茫然……一片傷痛中。

帶著混亂的情緒，委屈的沉默……一陣惆悵、憂悒，像隻敏感、負傷的野獸……蜷曲在自己的困惑中。

漫長的十幾年來……一份心，一份情……。

牽攜著異國僑子……。

無論自己優秀與否？

那些揮灑出的無怨無悔……。

點點滴滴是『愛的結晶』……。

是「他鄉異客」一份心甘情願的耕耘奉獻。

一份濃濃厚厚的給予付出。

卻依然邁不出平坦的路？必須如此顛簸掙扎於風雨中。

年復一年……周旋於家長、老師、學生和主管之間，那份無形的壓力……沉重的負荷，若仍得不到應有的認同與包容……一份的苦心必然白費。

若說教育本是一條無怨無悔的不歸路，為何同路人卻無法同心？同舟而無法共濟？

使人心寒……心酸，好累！好累！

※　※

於是暑期中……。

伴侶牽著我，將我遙遠的帶離菲島……。

帶離一切的傷痛。

跟著他流浪天涯的我……。

跨過新加坡、馬來西亞。

走遍香港、澳門、中國大陸。

再回歸台灣……。

繞了一圈又一圈，時間是沖淡了滿腔委屈，卻沖不斷十幾年來連繫校園、孩童那條溫馨的臍帶……。

當自我放逐於旅途中，是大自然清新，無垢的氣氛，使我獲得調息、養性……。

使自己的精神如魚得水般徜徉，亦讓心靈得以平靜、釋放。

而後，再回歸現實的冷暖，……原來的壓力與痛苦便不再那麼難忍了。

即使是繁瑣、挫敗、沮喪都得以解脫。

於是，於是……

那！展翅重生的火鳥，依然勇猛如初。

※　※

我終於能了悟，一個人……是自己堅定的意志，與自我的肯定最重要。

而智慧的結晶，不是由人生的歷鍊所累積的嗎？既然如此……人又何懼於風雨摧殘？

生命其實是一串不會斷的鍊子，鍊上的每一環節，都閃動著火花。

問題存在……如何以自己的力量克服不足、挫敗？充實自己？勇敢的讓生命的火花……串連出平凡又更完美的人生？

一隻置之死地而後生的火鳥，我相信唯一不能改變的是那份勇猛、純真及聖潔的情愫。

依然的……

我將以全部的關注，滿心的期待……無怨無悔的——

再次踏向風雨中的不歸路……。

原載菲律濱聯合日報 辛墾文藝社 副刊。

火鳥

深深的謝意！無限的感激！

火山神鳥

頒獎，餐宴一一結束後，我回到了家。

卸下妝，洗淨了鉛華。

穿上寬鬆、舒服的日本式睡袍……

散下披肩的長髮，夜悄悄的來到……。

瞪著鏡中自己那神采奕奕，一雙慧黠、靈活、清澈的大眼……。

我搖了搖頭，這是一對堅毅、敏感、沉靜中帶著叛逆的眼波。依然是那隻置之死地而後生，勇猛的火山神鳥……。

此刻還隱約浮現著晶瑩的淚影……。

它活潑時像一團跳躍的火燄，沉靜時又像一潭深不見底的湖泊……。

而內心裡蘊藏著的……卻有如火鳥般何等堅毅、內斂、強勁的生命力。就是此種力量……牽引著自幼命運乖舛的我，腰桿挺直，昂首闊步的邁向人生，挑戰命運。

人生的每一階段不都各具有迴然不同的心路歷程與價值觀？

身處大千世界的每個人不都是以自己的生命，用自己的方式，在自己的領域裡一點一滴的蛻變、成熟、成長？

而我，自幼經過多次脫皮的苦痛，成長的辛酸，始培育出堅韌、果敢的生命力……。

今日的我……並非有過人的智慧或學問，只是一心努力，願在人生的舞台上盡心、盡責，不願虛耗、荒渡一生。

真心願努力不懈、專心一意的演好自己的角色，如此而已……。

歲月悠悠，流去了炫桂年華。

海外奔波營生，無家、無根……

您可知……沒根而活……要以多大的勇氣去爭取，爭取那屬於自己的一片天？……

因此我讓自己成為神鳥，一隻果敢自焚的火山神鳥……

最長的一夜

無眠的夜……

在歷經白晝燦爛、耀眼的閃爍……

今夜心中久久無法平息的…是那心湖激起的漣漪……

瞪著前幾日專程從台灣搭機飛越千山萬水，回菲參加頒獎禮…我那精幹、憨厚、忠實的外子，這些日子辛苦的為我奔波忙碌……。

而此刻疲怠的他，早已進入夢鄉，不覺愛憐的深感歉疚，並懷著無限唏噓……。

在靜謐的深夜裡……此刻……唯獨我赤足，悄悄地溜出臥房，偷偷亮起客廳一角潔白的圓燈。

無言又不真實的瞪著高擺在鋼琴台上，那剛領回的獎杯、獎牌、獎金……。以及牆角經外子細心排列佈置，一堆美麗、怒放、爭豔的鮮花——是剛抱回……幾乎塞滿整個後車箱，那來自學生、家長、老師和啓智的幼兒，以及朋友們多情真心的祝福……。

抬起手，我再次百感交加的摸了摸這座由兩片晶亮、耀眼的金銀葉片…特製而成的獎座。

巨葉上以深藍色中文正楷書寫著：

『第十屆傑出華文教師獎。

得獎人：郭錦玲

首都銀行基金會董事長 鄭少堅

一九九六年九月二十八日

中間書寫著四個大字：「樂育英才」』

瞬間！心酸、悲愴，在心底氾濫……。

孩子氣激動的我吸吸鼻子，眼眶又不爭氣的徒然潮濕……。

心中一股激情的火燄，無法平熄的燃燒、膨脹著……。今天，是的，就是今天……在我浪跡菲國，一心踏足教育界營鑽、努力，十幾年來受過多少欺侮、排擠、委屈……。只有今天……今天是最最快樂、感恩、激情……難忘的一天……

而今夜，就是今夜，屬於我生命的巔峰，心靈的狂喜與滿心的感激……。

即使是身經百戰，經過千瘡百孔的歷練。

即使是走過千山萬水，見過無數的場面。

我依然激動、顫慄、心慌意亂，又頭暈目眩、恍惚不安的渡過了這漫長等待的一夜……。

尤其是上台領獎的一瞬，百味雜陳的心，隱忍不住的熱淚，使我是那麼艱難的划動沉重的雙足，在眾目睽睽下，渾身汗水淋漓的登台，雙膝和嘴角又是那麼不自覺的微顫、抖動……。

那！……

絕不是害怕！……

絕不是心虛！……

而是那份心酸、委屈、激昂的情緒在胸臆間氾濫決堤……久久無法平息。……

激情的心！

顫抖的手！

接過了獎座、獎牌、獎金……。

也接過了多少老師、朋友、家長、學生們真心誠意的祝福！真摯熱情的關愛！

包括一些不相熟悉他校的名師、主任、校長及單位主管、長官們熱烈、無私、親切的包容與祝福……。

記得我只是滿眶著淚，無言的接受那掌聲的響起……。

讓掛滿感動的笑容，去申訴滿心的感恩與歡喜……。

滿心的感激！

當終於舒口氣，步下台階……。

包圍的人群，使我潸然淚下……。

已不能記憶拼命掛滿脖子，獻滿、堆滿懷的大小花環、花束、花圈的……到底是誰的愛心？誰的善意？但一份份的情意…卻讓我喜極而泣……。

最令人刻骨銘心的，是啓智幼兒教保中心，我所教的那一群三歲大的幼童……。

聽説從下午一點隨著父母、工人一直盼望著……等到四點半……。

一見到老師上台接受頒獎時，依然精神奕奕，個個彩蝶般的向我飛奔過來……。

迫使我不得不雙膝落地，感激地接受矮小稚嫩的幼兒一個個天真、熱情的擁抱、溫馨的親吻以及真情的祝福……。

忍著淚、憋著氣…我無限柔情、心疼的拍拍他們的小肩膀、小胳臂、愛憐的摸摸他們的頭……。

對這群純潔、幼小，根本無法久坐超過十五分鐘的小女生、小男生、真不瞭解他們到底如何熬過三、四小時如此漫長的等待與守候？……

還有七、八年前教過的學生相伴而來，婷婷玉立的攬緊我，驕傲的叫了聲：「先生！（老師）恭喜你！」

加上中正今年所教……令人愛憐的學生及歷年來跟隨我練習演講的中小學學生……那熱情熱烈的祝福……一樣讓人心疼……。

這些孩子…整整四個小時的等待，依然歡欣的獻上她（他）們衷心的祝賀與歡喜。讓身為老師的我，只有含淚無言……。

無限的溫馨

還有那多年交情的幾位家長、好友，放下手邊忙碌的生意、應酬，亦早早趕來捧場，等待為我獻花祝賀……。

或許她們瞭解異鄉客的我，此地無親缺友，不願見我得獎的場面冷清、孤單、寂寞……。

這份「心」這份「情」……多沉重！亦讓我無比的溫馨。

而最讓我訝異難忘的，是中學部一位台灣來的楊老師，為我捧來了最後一束「玫瑰的祝福！」……

那！真摯、誠懇、親切的祝賀，使我汗顏！

過往兩人因教學上看法不同、立場、角度的差距……幾次發生磨擦爭執，以至不歡而散……

而今，他竟能放下成見，化敵為友率性的祝福我……

那是須要何等磊落的胸襟？值得我三思反省並效法。

楊老師真心的說了一句：

「謝謝妳！郭老師！謝謝妳為台灣來的老師爭了一口氣……。」……

讓我再次，再次不爭氣的……如見親人般淚水盈眶……。

多少歲月，離鄉背井的心酸、嘔氣、瀝血的努力，默默耕耘的汗滴，那不受肯定反屢遭打擊受傷的委屈……心中那沉沉重重的負荷與壓力……。

它確實須要朋友們真心的鼓勵、支持與慰藉……。

緊緊接著握著他的手，自問：可有比這份鄉音、鄉情更濃？更烈？……

滿心期待，不再讓人戲弄、譏諷：

「台灣人自己水火不容！」

畢竟我們來自共同的國家、土地、一樣的故里……。無須彼此打擊、互相妒嫉……朋友啊！相煎何太急呀？

深深的情意

還有那正臥病在床，步伐艱難的道親林太太，身體狀況一直不佳……但，當晚拎著藥偕同女兒開車接送我們一起忙到七、八點……。

這份情，

這份心，

誰說異鄉客必然孤獨、寂寞？……

※　※

最感人的是中華民國駐菲大使詹憲卿詹大使，親切的與我和外子合影。

他那大家長，父輩的風範，令人激賞。

當知悉我是以台灣人身份榮獲首都傑出教師獎，更興奮的與我閒話家常，並且謙稱自己是台灣南投鄉下人（其實…我母親亦是南投竹山人）。

他是這麼一位平實、真情、憨厚、忠黨愛國又無官架的大家長。

無怪乎深得菲華僑界父老敬愛、擁護及好評。

他那磊落親切的風範，令人衷心喝采！

※　※

最令人感動的是汾陽郭氏宗親會特派兩位副理事長郭振強、郭建輝先生，偕同主要領導四人代表出席觀禮。

令人深深感激的，是他們抵達會場後，才認識我卻衷心的獻上一個個最真摯的喜悅與歡呼。

除一再的表達祝賀外，並視為旅菲汾陽郭氏宗親會近年來最大的喜事和榮幸。

當然，此次最先要衷心拜謝的是汾陽郭氏宗親會對後學的器重、全力的支持、愛護與推薦。

以及曾擔任山頂校長，如今已從教育界退休的郭氏宗親總會秘書長郭志純老前輩，給予我最最寬懷的包容、讚賞及在資料上的評量、評語——那十分完善、感人的書寫……。

加上大版報章祝賀及新聞的報導、公佈。

特在此致以十二萬分的感激。

而會場上副理事長郭振強亦代表上台領取屬於宗親會應得的榮譽——獎金五千元。

其尚且豪情的告悉：

「宗親會打算另安排聚會，當眾表揚並轉贈五千元獎金給予傑出教育得獎者之獎勵。」

領首默默的領受這份濃濃厚厚的溫馨……。

我將永遠銘記，終此一生難忘、珍惜…。

頒獎未經結束，郭氏宗親們即力邀赴宴慶功。

當知悉我一家人長年茹素、齋戒禮佛，更是喜上眉稍……原來大伙都是道親。

冥冥中是緣份緊緊相攜、相牽。

於是滿桌齋菜、清湯成了我此生最清淡難忘的餐宴。

綿綿的柔情

若說心中最深的感謝……。

就是外子由開始到結束……從資料的收集、影印、整理、分類……。

此次能順利得獎…是他給予我的勇氣和信心，加上溫情、愛心的鼓勵……。

※　※

另一位萍水相逢並無深交的大姐——施柳鶯。

並非三、兩句「謝謝」就能代表我內心真摯的感激。

今次若非她在評審委員會上仗義執言，以我一位台灣人，十年任教、五年代課……最淺的資歷、學歷又非本科教育系……

如何能在一百二十二名受推薦的教師群中入圍？當選？

真心誠意衷心的除了感激，還是感激……。

謝謝您！大姐大！此恩此德……我將一生記取！

也一定更努力！

※　※

在此更要感謝首都銀行基金會，多年來對教師們的栽培與鼓勵。也衷心感謝此次初審、複審的前輩們，即是十四位評審委員的愛護與提拔。未來的路不管多辛苦，對諸位的愛心我一定不辜負……。

※　※

更要感謝各界及台灣的親朋好友……賜予我大小四十幾版……各大報章衷心的祝賀……。

其中尤以澳洲的藏慧法師，最令人感動。藏慧自幼出家，俗名：陳守，台灣師範大學畢業。

是我們一家的好友，也是外子方外的大哥。

他一身袈裟，雲遊四海、洒脱自在。

還時常牽掛我們海外的漂泊……

給予的祝福，也總是最多……。

※　※

還有啓智幼兒教保中心的主任……

她除了是第一位登報祝賀我這辛苦的得獎者。

啓智校門口出現的那巨幅長方形布條，大大的書寫著：

CONGRATULATIONS！

1996 METROBANK AWARDS

FOR OUTSTANDING

CHINESE　TEACHER

LIAO　KUO　CHING　LIN

KEI TI LEARNING CENTER

加上相關的剪報、照片、資料……。

喜氣洋洋的大版公佈在啓智校園內外。

絕對熱情的當成啓智大家庭的喜事。

充份的表現出以擁有新入伙的我為榮為傲。

如此一位率性、坦盪、真誠、惜才，寬宏的領導者怎不令人傾心扶助、鞠躬盡瘁！

把握人生

相信每個人都有屬於自己的命運，及不相同的命盤。

緣份和機遇也會因人、因地、因時轉變不同的人生，詮釋你我的生命。

而人生僅僅是一個過程，由無到有，再由有到無……。

如何正確的把握今生今世？認定方向、確定目標？投入心血、無視險阻，勇敢的跨越、努力邁進……便能獲得預期的成功，達到理想的境界。

悠悠歲月，短短數十寒暑……

春去秋來，只是倏忽間，……

我個人認為生命珍貴，人生苦短……。

一生中最重要的絕對不是去檢討別人和自己的得失，或議論對錯……。

因談人——生是非。

議事——多爭議。

情濃有麻煩，曲高無知音，故人宜獨處，自覺、反省加努力。

天底下沒有不勞而獲的傳奇。

天底下也絕對沒有白吃的晚餐。

一分努力，一分收穫！

我以為對別人辛苦的成果，沒有鼓勵至少無須刻意去打擊……。

而只要問心無愧、努力敬業，好好充實自己，正心正念的向前邁進，相信亦無任何力量可以打擊與構成威脅……。

火鳥自焚、重生

我崇拜火鳥，不是牠的神奇，而是牠那份為重生自焚的果敢與勇氣，讓生命再出發的信心，以及牠強韌的生命力。

※ ※

在東方流傳著一個關於「火山神鳥」的故事，據說那是一種極為美麗的神鳥，棲息在火山邊緣，每隔數百年牠就奮勇飛進火山中自焚，以使精神在浴火中獲得重生……。

在西方也有類似的傳說……不同的是西方的火鳥是在體內自焚。

而我——就是那一隻每數百年置之死地而後生的火鳥，所不同的，我活在現實無奈，苦澀多難的人群中，一再被迫的接受人心的浴火，跳進現實人群中自焚，以求再次的成長、重生，也讓生命再次出擊……。

我堅信所有的鋼鐵都是經過千錘百鍊始磨鍊出來的，不是嗎？……

且讓我展翅飛越火燄，讓熊熊的大火洗淨我的塵俗。

讓一切的痛苦：「將它還天、還地、還給諸天神佛！」

捧著今日的榮譽……帶著無限的感激，且讓我更勇敢的飛越自己，奔向陽光！

飛向燦爛的明日！……。

原載菲律濱一九九六年十二月二十二日聯合報辛墾文藝社。

背水一戰

他們都哭了……。
一個個球員緊抱著彼此，握著手，掩著臉……
摀著嘴，無聲的抽噎飲泣……
汗滴涔涔，淚水汩汩……
揮著拳頭，跳著、叫著……
瞬那！又垮著臉，孩子氣的扁著嘴，鼻酸的淚流……
那！
眾人往上推舉……正爬上高高籃框——
傷了腿的球員……平穩的坐定框架後，揮舉雙臂，帶來了滿場的狂嘯、激昂……。
可！
他卻不停的抿嘴、拭淚、痛哭……。
哭出了多少興奮、委屈、心酸與勞累……
而，
緊跟著整場球賽瘋狂尖叫、激動、滿場飛奔、狂吼的是一時按捺不住的教練、老師、家長、球迷及全場爆滿的中正啦啦隊。

當施院長歡欣……激動的宣佈明天停課一日時……

滿場的中正人……瞬時更狂歡狂跳著……不願散去，無法制止的人人尖叫、吶喊、歡呼著……。

孩子氣的我緊緊的攬緊自己的雙臂，依舊止不住心臟劇烈的跳動。雙手撫著因整晚力竭聲嘶的吶喊，竟一時暗啞的聲帶，止不住的再次歡呼、狂叫……。

無法管束的，是自己盈眶的淚水，成串心酸的唏噓……。

心靈中是那麼久久無法平息滿滿的震憾、驚悸、激動……

是的——是的——

我們贏了，終於榮獲「中聯」所舉辦的第十九屆「中學杯」籃球錦標賽「冠軍，」。

中正乃十三度登上「中聯」寶座。

但是，但是……

有誰明白，多年來中正籃球，就是今夜，今夜這些孩子最亮麗、最感人、最可愛也最賣力……。

一張張年輕、秀氣的新面孔。

一個個單薄、不壯的身軀。

一份份讓人憂心的稚嫩。

又怎堪？如何的去承擔肩負起如此的重責大任？

※　※

眾所周知，中正今年大刀闊斧的刷新了球員，也同時因整頓隊伍，大量起用新人，那籃球校隊……在斷腿、折臂後……是如此無奈的大傷元氣……

就是那一張張陌生、清秀的新面孔。

一個個溫文、儒雅的娃娃臉……。

令專家、球隊們……今年不再看好中正。

連日的新聞報章，也含蓄的評論中正……「水準欠穩」。

可，多日來經過兩個循環，三十場激烈，扣人心弦的比賽，聖公會中學狂風暴雨，兇猛的一路領先，一枝獨秀的以「十戰全勝」的佳績——

一團紫氣（乃因紫色球衣）、耀眼、霸氣、傲人的滿場飛奔……領先群雄，率先得到決賽權。

而，我中正健兒們今年卻是極端苦戰，場場驚心動魄，在新人帶動下，以不穩的水準，稚嫩的腳步緊張慌亂，投射失控、失誤、缺乏經驗下，扣人心弦的……勉強以「六勝四負」的戰績，奪得敗部另一決賽權，保存一線衛冕希望。

※　※

但，

雖然新人，新面。

雖然單薄、清秀。

可，

我一個個球員，在失誤中卻場場表現得可圈、可點，團契夠忠心足……。

就是那份凝結的中正心、中正血……

即使是不夠高大，即使是不夠兇悍、不夠豪邁，球員們依然固執的飛舞著拳頭……吶喊著同伴，兢兢業業的任汗水穿透球衣，讓不足再次振作……洗刷失誤、悔恨……

更，

再次以無比的決心和勇氣，一臉不甘的執著，視死如歸，勇猛的踏入戰場……

昂首、邁步、團結、緊扣一心。

雖然是，

不忍看其失誤，丟球……

不忍見其失望，洩氣……

更不忍見其傷心，落淚……

是心中那份深切的愛，懇摯的情，血脈相連的「中正親」，牽引出我更多、更切……的情意……

那是一份深深切切的心疼，使我依然孤單的摸著黑路來去，守著中正球場。場場的追逐，跟著球員們脈動、喘息、呼吸……同悲同喜。

伴著他們一點一滴……默默的由受傷中快速的摸索、成長。

心中依然偷偷的守著一份忠心的期待……默默的祝福。

※　※

呆愣的瞪著一群不夠壯、不夠準、不夠穩健的孩子們……

望著他們精神奕奕的迎向征途……

再艱辛的伴著他們廝殺、戰鬥……

終於，終於……

這一群可愛的孩子們，是如此爭氣的以破斧沉舟的決心和勇氣……於沸騰的人聲、喧天的雷鼓聲中，首次打敗聖公會，贏得決賽的第一戰。

終於取得今夜「背水一戰」之龍虎爭霸權！

掀起『中學杯』有史以來的最高潮。

於是，今夜，就是今夜……

爆滿的人潮，多年來未見的轟動……

即使是無票、忙碌的我也放下一切……向球場飛奔而來——

掛著一分憂鬱、擔心……

偷偷藏起內心的不安、焦慮。

期待一場「絕對的生死戰」……

一場誓不兩立的龍虎爭霸戰。

一場屬於中正的背水一戰。

場內盪著的依然是高昂的情緒……震耳的鼓聲，紅番般搖晃、呼嘯的啦啦隊……

使人更添一份憂憂……一份鬱鬱……

揭開戰幔後，戰火立即激烈狂張……兩隊都有雄心問鼎爭霸，故氣勢頗甚。

聖公會球隊不愧今年「獨領風騷」……

球員們個個強壯！速度敏捷！投籃不論短、中、長距離奇準無比……不覺使人場場驚心、震撼、搖頭、苦笑中再添無奈。

扣人心弦的廝殺……幾度交戰下我中正健兒在慌亂中——

籃板球失控……

扣籃不進……

丟球！犯規！……在多次失誤下……連連輸掉九分……

令滿場中正人心悸、狂叫、悲憤……場內外交織成一股同樣緊張、不甘、認真的心手相連……

加油、吶喊、鼓掌只為了安慰中正球員們——那股不懼、不餒的鬥志，頑強的抵抗……拼命的追逐……力圖扭轉頹局的勇猛。

我方十六號球員，每每在罰球板下……投球前……定！俯首劃十禱告……此份赤子之心……實感人肺腑，可，命中力不太準的他……今天竟是一個不小心……準確的屢屢空心入籃？？？

……令人雀躍、鼓掌、讚嘆不已。

隊長幾度單刀投射——

惜！求好心切……不準……反失球……一再錯失良機……但依然指揮有度，頗得人心……。

六號球員幾度中長、短距空心射球——漂亮奇準，不無功勞。

十一號球員是最大的功臣——乃今夜的靈魂人物，其個人獨得二十七分，表現漂亮搶眼……令人激賞。

※ ※

中正球員們苦戰的決心！

背水一戰的魄力，加上教練的鎮定、穩步，終於在上半場以「四十一比四十一」平分秋色……雙方休戰！

※ ※

下半場……再度重燃戰火時……

我中正健兒們攻勢很旺……守備嚴謹……五度迫和對手……

競爭激烈，並幾度領先……外線突然奇準……空中托球、阻球、抄球……精采絕倫，灌籃漂亮——終於打出水準！

瞬時！殺氣騰騰……個個熱汗淋淋……令人刮目相看！

緊張！刺激！過癮！

使我不覺用力，使勁的拍紅、拍痛了雙掌！

吼叫！吼痛！吼啞了喉嚨！

而我可愛的球員們！更加勇猛，緊迫釘人的滿場飛奔，以漂亮的控球、阻球、搶球、扣籃……風靡全場……表現奇佳！

頑強的反攻迫使對手失常、失控、慌亂……以至連連失誤、丟球、犯規……最後終場——時間到！

中正籃球校隊，我可愛的健兒們以「七十八比七十二」再度擊敗聖公會「榮獲冠軍！」

苦戰！苦戰！……是真正艱辛的苦戰……

屬多年來……中正球賽所有光榮中……最最辛苦驚心的背水一戰……

無怪乎全場一個個可愛的球員們哭了……

是那麼撼動人心的喜泣……

是那麼委屈……心酸的哽咽……

我親愛的中正健兒們！請記取「背水一戰」今日的艱辛！它絕對是你成長中的起步……

請接受我真心的喝采與衷心的祝福……

盼望不久的將來……能見到你們個個更茁壯、更成長，勇敢的飛越今天……攜手邁向陽光普照的大道。

可愛的孩子們！讓我們一起期待明天會更好！

原載菲律濱聯合日報一九九五年三月十七日 辛墾文藝社 副刊。

國家圖書館出版品預行編目資料

心中有愛 / 修如（郭錦玲）著. -- 初版. -- 臺北市：文史哲,民 91
面： 公分.--(文學叢刊;138)
ISBN 957-549-448-2 (平裝)

855 91010260

文學叢刊 ⑬⑧

心中有愛

著 者：修 如 (郭錦玲)
出版者：文 史 哲 出 版 社
http://www.lapen.com.tw
登記證字號：行政院新聞局版臺業字五三三七號
發行人：彭 正 雄
發行所：文 史 哲 出 版 社
印刷者：文 史 哲 出 版 社
臺北市羅斯福路一段七十二巷四號
郵政劃撥帳號：一六一八〇一七五
電話886-2-23511028・傳真886-2-23965656

實價新臺幣 四〇〇元

中華民國九十一年(2002)六月初版

ISBN 957-549-448-2